M. S. Flux
Die unsichtbaren Fäden
Band 1

Die unsichtbaren Fäden

Wer lenkt unser Denken?

M. S. Flux

Impressum

Bibliografische Information der Deutschen Nationalbibliothek:
Die Deutsche Nationalbibliothek verzeichnet diese Publikation
in der Deutschen Nationalbibliografie; detaillierte bibliografi
sche Daten sind im Internet über http://dnb.dnb.de abrufbar.

Die automatisierte Analyse des Werkes, um daraus Informati
onen insbesondere über Muster, Trends und Korrelationen ge
mäß §44b UrhG („Text und Data Mining") zu gewinnen, ist un
tersagt.
© 2025 M. S. Flux
Lektorat: M. S. Flux
Korrektorat: M. S. Flux
Verlag: BoD · Books on Demand GmbH, Überseering 33,
22297 Hamburg, bod@bod.de
Druck: Libri Plureos GmbH, Friedensallee 273, 22763 Hamburg

ISBN: 978-3-8192-2883-4

Inhaltsverzeichnis

VORWORT

Die Welt, in der wir leben, steckt voller Herausforderungen – Klimawandel, soziale Ungleichheit, wirtschaftliche Ungerechtigkeit und politische Konflikte prägen
unseren Alltag. Doch diese Probleme sind nicht natur-
gegeben. Sie sind das Ergebnis von Entscheidungen,
von Denkweisen, die über Generationen hinweg fortge-
führt wurden. Die Frage ist: Können wir unsere Sichtweise verändern, um eine gerechtere, nachhaltigere
Welt zu schaffen?

Dieses Buch ist eine Einladung, über die Grenzen unseres Denkens hinauszugehen. Es zeigt, wie unser Verstand geprägt wird, welche Mechanismen unsere Überzeugungen steuern und wie Reflexion der Schlüssel ist,
um festgefahrene Muster aufzubrechen. Es geht nicht
nur darum, Missstände zu erkennen – es geht darum,
sie aktiv zu verändern.

Wir stehen an einem Punkt, an dem traditionelle politische und wirtschaftliche Systeme an ihre Grenzen stoßen. Nationale Interessen verhindern globale Lösungen, kurzfristige Profite stehen über langfristiger
Stabilität, und alte Denkmuster bremsen den Fortschritt. Doch wenn wir beginnen, unsere Vorstellungen
von Macht, Zusammenarbeit und gesellschaftlicher
Verantwortung neu zu definieren, können wir den Weg
für eine Zukunft ebnen, die nicht mehr von Trennung,
sondern von Einheit geprägt ist.

In den folgenden Kapiteln wird nicht nur analysiert, warum die Welt ist, wie sie ist, sondern auch gezeigt, wie sie anders sein könnte. Von kritischem Denken über nachhaltige Entwicklung bis hin zu technologischen Innovationen werden Wege aufgezeigt, die eine neue Form des Zusammenlebens ermöglichen – eine, die nicht auf Konkurrenz, sondern auf Kooperation beruht.

Dieses Buch ist keine utopische Fantasie, sondern eine Reflexion über Möglichkeiten, die real sind – wenn wir bereit sind, umzudenken. Die Zukunft ist nicht vorherbestimmt. Sie wird durch unser Denken, unser Handeln und unsere Entscheidungen geformt. Die Frage ist nicht, ob Veränderung möglich ist, sondern ob wir den Mut haben, sie zu beginnen.

Lass uns anfangen.

1.0. *DIE GRUNDLAGEN DES DENKENS*

Die Macht der Wahrnehmung – Wie unsere Sichtweise die Realität formt

Was ist eigentlich „real"? Das klingt wie eine philosophische Spielerei, aber die Frage trifft den Kern des Ganzen. Die Realität ist kein unveränderliches, objektives Konstrukt. Vielmehr erschaffen wir alle unsere eigene Version davon – ein Kaleidoskop aus Erinnerungen, Emotionen und Erfahrungen, dass wir stolz „unsere Realität" nennen. Wir glauben oft, dass wir die Welt so sehen, wie sie ist. In Wirklichkeit sehen wir sie so, wie wir sind.

Stell dir vor, du stehst vor einem Gemälde. Die Formen und Farben sind klar erkennbar, aber die Bedeutung des Bildes wird von deinem Geist konstruiert. Ein anderer Betrachter sieht vielleicht dasselbe Gemälde, aber interpretiert es völlig anders. Beide Ansichten existieren nebeneinander und sind gleichermaßen gültig – und doch völlig unterschiedlich. Unsere Wahrnehmung erschafft ständig neue Realitäten, indem sie das, was wir sehen, hören und fühlen, filtert und interpretiert.

Genau hier liegt der Knackpunkt: Wahrnehmung ist mächtig, aber sie ist nicht neutral. Sie ist ein Werkzeug, das uns entweder befähigt oder behindert, abhängig davon, wie wir es einsetzen. Nehmen wir ein konkretes

Beispiel aus der digitalen Welt: Algorithmen. Sie sind die unsichtbaren Dirigenten unseres modernen Lebens, die unsere Social-Media-Feeds, Suchergebnisse und sogar die Filme, die wir schauen, lenken. Diese Algorithmen nutzen unser eigenes Wahrnehmungsvermögen gegen uns. Sie zeigen uns, was wir *sehen wollen*, nicht unbedingt, was wir *sehen sollten*. Und so bewegen wir uns immer tiefer in einer selbstgeschaffenen Blase, die unser Verständnis von der Welt enger und enger macht.

Das Problem ist nicht, dass wir beeinflusst werden – das ist unvermeidlich. Das Problem ist, dass wir selten innehalten, um zu hinterfragen. Die Welt, die du siehst, ist vielleicht nicht die Welt, die tatsächlich existiert. Aber was kannst du dagegen tun?

Der erste Schritt ist brutal einfach, aber unglaublich schwierig: Stelle alles in Frage. Was du siehst, was du glaubst, was du fühlst. Hinterfrage deine eigene Perspektive und suche aktiv nach alternativen Ansichten. Das ist unbequem, denn es zwingt dich, aus deiner Komfortzone auszubrechen. Aber es ist der einzige Weg, um den Bann der Illusion zu brechen.

Doch Wahrnehmung ist nicht nur eine äußere Linse – sie ist auch ein innerer Spiegel. Was wir von uns selbst halten, ist oft mehr davon geprägt, wie andere uns sehen als von dem, was wir wirklich sind. Dein Selbstbild, dein inneres Narrativ, ist nicht ausschließlich das Produkt deiner eigenen Gedanken. Es ist ein Mosaik aus Stimmen, Blicken und Urteilen, die du im Laufe deines

Lebens gesammelt hast. Vielleicht hat dir jemand gesagt, dass du nicht gut genug bist. Vielleicht glaubst du das immer noch. Aber was wäre, wenn diese Wahrnehmung nicht der Realität entspricht?

Die Wahrheit ist, dass unser Selbstbild ebenso manipulierbar ist wie unsere Sicht auf die Welt. Du kannst dich selbst in ein neues Licht rücken, indem du aktiv an deinem inneren Narrativ arbeitest. Reflexion ist der Schlüssel. Es bedeutet, ehrlich mit dir selbst zu sein, nicht um dich zu verurteilen, sondern um zu verstehen, wie du funktionierst.

Die Macht der Wahrnehmung ist ein zweischneidiges Schwert. Einerseits können wir sie nutzen, um unsere Realität zu gestalten und unsere Träume zu verwirklichen. Andererseits können wir uns in ihren Illusionen verlieren und uns von ihr kontrollieren lassen.

Ich will nicht behaupten, dass es leicht ist, die Grenzen unserer Wahrnehmung zu überwinden. Aber ich glaube fest daran, dass wir es können. Und genau hier setzt die Reise an: bei der Erkenntnis, dass nichts so feststeht, wie es scheint. Im nächsten Schritt werden wir untersuchen, warum unser Gehirn uns manchmal einen Streich spielt – und wie wir diese mentalen Fallen umgehen können.

Kognitive Verzerrungen – Warum unser Gehirn uns manchmal täuscht

Hast du je darüber nachgedacht, wie oft dich dein eigenes Gehirn in die Irre führt? Es klingt absurd, fast wie ein schlechter Witz – schließlich soll unser Verstand uns doch leiten und uns helfen, vernünftige Entscheidungen zu treffen. Doch die Realität sieht anders aus: Unser Denken ist voll von Abkürzungen, voreingenommenen Annahmen und Fehlinterpretationen. Und das Schlimmste daran? Wir bemerken es meist nicht einmal.

Unser Gehirn ist verdammt gut darin, effizient zu sein. Diese Effizienz war in der Evolution überlebenswichtig, aber heute führt sie uns manchmal in die Irre. Stell dir vor, du stehst vor einer komplexen Entscheidung. Statt alle Informationen objektiv abzuwägen, greift dein Gehirn zu sogenannten mentalen „Shortcuts". Es spart Zeit, ja, aber es führt auch dazu, dass wir oft Fehler machen. Diese mentalen Abkürzungen – oder auch kognitiven Verzerrungen – sind nicht nur faszinierend, sondern auch gefährlich.

Ein Klassiker ist der Bestätigungsfehler. Du glaubst an etwas, und plötzlich siehst du überall Beweise, die deinen Glauben unterstützen. Fakten, die nicht ins Bild passen? Die blendest du aus – bewusst oder unbewusst. Es ist, als ob dein Gehirn dir zuruft: „Du hast recht, mach weiter so!" Doch was ist, wenn du eben nicht recht hast? Was ist, wenn du dich selbst täuschst?

Das hinterfragst du selten, weil es unbequem ist, und wer mag schon gerne unbequem denken?

Dann gibt es noch den Ankereffekt, der uns auf die erste Information fixiert, die uns begegnet. Stell dir vor, jemand sagt dir, ein bestimmtes Produkt habe ursprünglich 200 Euro gekostet und sei jetzt auf 100 Euro reduziert. Sofort denkst du: „Ein Schnäppchen!" Doch in Wahrheit hast du keinen Anhaltspunkt, ob der reduzierte Preis wirklich gut ist. Aber das spielt für dein Gehirn keine Rolle – es ist bereits verankert.

All diese Verzerrungen haben eines gemeinsam: Sie beeinflussen unsere Wahrnehmung und unser Handeln, ohne dass wir es merken. Wir glauben, unabhängig zu denken, aber in Wirklichkeit lenkt unser Gehirn uns oft in vordefinierte Bahnen. Ist das beängstigend? Vielleicht. Aber es ist auch eine Chance.

Der erste Schritt, sich gegen diese kognitiven Fallen zu wappnen, ist simpel, aber kraftvoll: Erkenne sie. Werde dir bewusst, dass dein Denken nicht fehlerfrei ist. Sei kritisch, besonders mit dir selbst. Es wird unangenehm, das verspreche ich dir, aber es lohnt sich. Der zweite Schritt ist genauso wichtig: Suche aktiv nach Perspektiven, die deine Überzeugungen herausfordern. Lies etwas, das du normalerweise ignorieren würdest, und sprich mit Menschen, deren Meinungen dich nerven oder provozieren. Es ist keine einfache Übung, aber sie erweitert deinen Horizont mehr, als du es dir vorstellen kannst.

Das Wichtigste aber: Bleib geduldig. Niemand ist perfekt darin, Verzerrungen zu erkennen, und jeder verfällt ihnen hin und wieder. Das Ziel ist nicht, alle Fehler zu eliminieren, sondern bewusster mit ihnen umzugehen. Jede kleine Erkenntnis, jeder Moment der Klarheit ist ein Schritt nach vorne.

Am Ende des Tages geht es darum, die Kontrolle zurückzugewinnen. Dein Gehirn ist kein Feind – es ist ein Werkzeug. Doch wie jedes Werkzeug braucht, es Anleitung und Pflege. Nimm dir die Zeit, dein Denken zu reflektieren, und wage es, unbequem zu sein. Denn nur so kannst du die volle Bandbreite deiner geistigen Fähigkeiten ausschöpfen.

Sprache als Denkwerkzeug – Wie Worte unser Bewusstsein formen

Sprache ist eines der mächtigsten Werkzeuge, die uns als Menschen zur Verfügung stehen. Sie ist die Brücke, die unsere inneren Gedanken mit der äußeren Welt verbindet. Doch Sprache ist weit mehr als nur ein Mittel, um uns auszudrücken: Sie prägt unser Denken, beeinflusst unser Weltbild und ist ein grundlegender Bestandteil unserer Identität. Von Geburt an umgeben uns Worte, die uns die Welt erklären, Emotionen vermitteln und uns Orientierung bieten. Doch wie sehr sind wir uns der Macht der Sprache bewusst, die uns tagtäglich umgibt?

Von Kindesbeinen an ist Sprache der Schlüssel zu unserer Entwicklung. Bevor wir selbst sprechen können, nehmen wir die Worte und den Tonfall unserer Eltern, Familie und Umwelt auf. Schon hier beginnt die Prägung: Welche Worte benutzt werden, welche Bedeutungen betont werden, all das formt unsere Wahrnehmung. Zum Beispiel prägen kulturelle Redewendungen unser Verständnis von Konzepten wie Glück, Erfolg oder Freiheit. Sprache ist also nicht neutral – sie trägt die Werte und Überzeugungen der Gesellschaft, in der wir leben. Ein Kind, das in einem liebevollen, unterstützenden Umfeld aufwächst, wird Sprache in erster Linie mit Zuneigung und Sicherheit verbinden. Ein anderes, das harsche Worte oder strikte Anweisungen erlebt, könnte hingegen Sprache mit Kontrolle oder Zurechtweisung assoziieren.

Die Verbindung zwischen Sprache und Denken wurde auch von Philosophen und Wissenschaftlern ausführlich untersucht. Der sogenannte Sapir-Whorf-Hypothese zufolge beeinflusst die Struktur der Sprache, die wir sprechen, wie wir die Welt wahrnehmen. Menschen, deren Sprache beispielsweise keine Vergangenheitsform kennt, könnten ein anderes Zeitgefühl haben als jene, die zwischen Vergangenheit, Gegenwart und Zukunft differenzieren. Sprache formt also nicht nur, *was* wir sagen, sondern auch, *wie* wir denken. Diese Dynamik zieht sich durch alle Bereiche unseres Lebens – von den ersten Worten bis hin zur politischen und gesellschaftlichen Kommunikation.

„Ein aktuelles Beispiel, das diese Theorie verdeutlicht, ist die Sprache in den sozialen Medien. Plattformen wie TikTok und YouTube haben einen eigenen sprachlichen Kosmos erschaffen, in dem Schlagworte, Hashtags und Phrasen nicht nur die Aufmerksamkeit steigern, sondern auch maßgeblich Denkweisen beeinflussen. Begriffe wie ‚FOMO‘ (Fear of Missing Out) oder ‚Cancel Culture‘ generieren neue Kategorien, anhand derer Menschen die Realität analysieren und bewerten. Dieses Beispiel zeigt anschaulich, wie moderne digitale Kommunikationsformen unser Bewusstsein prägen: Worte wirken hier als Werkzeuge, die sowohl verbinden als auch manipulieren können.

Manipulative Sprache ist jedoch kein neues Phänomen. Schon seit jeher werden Worte gezielt eingesetzt, um Meinungen zu formen und Macht auszuüben. Ein prominentes Beispiel ist die politische Sprache: Begriffe wie ‚Sicherheitsmaßnahme‘, ‚Reform‘ oder ‚Freiheit‘ tragen starke emotionale Konnotationen, die oft unbewusst wirken. Solche Begriffe vermitteln auf den ersten Blick positive Werte – ohne, dass ihre genaue Bedeutung oder die dahinterstehenden Intentionen hinterfragt werden. In politischen Diskursen kann der Ruf nach ‚Freiheit‘ zudem unterschiedliche Ziele verfolgen, die unter Umständen sogar dazu führen, dass individuelle Freiheiten eingeschränkt werden. Sprache fungiert somit in diesen Kontexten als ein Instrument der Kontrolle und der Macht, indem sie Überzeugungen und Einstellungen unmerklich formt."

Doch Sprache hat nicht nur eine manipulative, sondern auch eine befreiende Kraft. Sie erlaubt uns, Gedanken in neue Bahnen zu lenken, bestehende Denkmuster zu hinterfragen und uns auszudrücken. In der Literatur und Kunst beispielsweise eröffnet uns Sprache neue Perspektiven. Dichter, Schriftsteller und Philosophen haben immer wieder mit Worten experimentiert, um die Grenzen des Denkens auszuloten. Ein starkes Beispiel ist die Poesie, die oft bewusst mit Mehrdeutigkeit arbeitet, um Emotionen und Ideen auf eine Weise zu vermitteln, die rationales Denken allein nicht erreichen kann. Sprache ist hier nicht nur Werkzeug, sondern auch Kunst.

Ein weiteres faszinierendes Phänomen der Sprache ist ihre emotionale Wirkung. Worte tragen nicht nur Bedeutungen, sondern auch emotionale Resonanzen. Ein einfaches „Danke" kann Dankbarkeit und Wertschätzung vermitteln, während ein harsches „Warum immer du?" Zweifel und Unsicherheit wecken kann. Besonders in zwischenmenschlichen Beziehungen spielt die Wahl der Worte eine entscheidende Rolle. Sprache ist das Bindeglied, das Beziehungen aufbaut – oder zerstört. Menschen halten oft an starren Überzeugungen fest, selbst wenn diese anderen schaden. Hier spielt Sprache eine Schlüsselrolle, da sie entweder zur Verständigung beitragen oder Konflikte verschärfen kann.

Kulturelle Unterschiede in der Sprache verdeutlichen zudem, wie variabel Denkweisen sein können. In manchen Sprachen gibt es beispielsweise Begriffe, die in anderen keinen direkten Übersetzungen haben – und diese Begriffe tragen oft Konzepte oder Emotionen, die in anderen Kulturen fehlen. Ein Beispiel ist das deutsche „Schadenfreude", das in vielen Sprachen keine direkte Entsprechung hat. Solche Begriffe sind Ausdruck dessen, wie Sprache nicht nur unser Denken spiegelt, sondern auch unsere Kultur und Werte formt.

Gleichzeitig stellt sich die Frage, wie viel von unserem Denken wirklich „frei" ist. Wenn unser Sprachgebrauch und unser Denken so stark von äußeren Einflüssen geprägt sind, wie können wir uns dann von diesen Einflüssen lösen? Eine Möglichkeit besteht darin, die eigene Sprache kritisch zu hinterfragen. Welche Worte benutzen wir häufig? Welche Bedeutung tragen sie für uns, und wie beeinflussen sie unsere Wahrnehmung? Indem wir uns dieser Fragen bewusstwerden, können wir

einen Schritt in Richtung eines bewussteren Sprachge-
brauchs machen.

Ein weiterer Aspekt in der Diskussion um kollektive Erzählungen ist die Überzeugung, dass durch Sprache ver-
mittelte Geschichten ein kraftvolles Mittel zur Schaffung von Identitäten darstellen – sowohl auf
individueller als auch auf gesellschaftlicher Ebene. Ob
es sich um nationale Mythen, religiöse Erzählungen
oder persönliche Anekdoten handelt, diese Geschichten formen unser Selbstverständnis und beeinflussen,
wie wir die Welt sehen. Die kritische Auseinandersetzung mit starren religiösen und kulturellen Normen
macht deutlich, dass manche traditionelle Erzählmuster
nicht nur wenig nutzbringend sind, sondern auch aktiv
hinderlich wirken können. Gleichzeitig eröffnet der bewusste Einsatz neuer, innovativer Geschichten die
Möglichkeit, bestehende Strukturen zu hinterfragen
und neu zu gestalten.

Sprache bildet das Fundament unserer Wahrnehmung.
Die Worte, die wir wählen, bestimmen maßgeblich,
welche Werte wir vertreten und welche Entscheidungen wir letztlich treffen. Dabei erweist sich Sprache als
ambivalentes Werkzeug, das sowohl befreiend wirken
und alternative Sichtweisen eröffnen kann als auch
dazu genutzt werden kann, den Geist in starre Denkmuster zu pressen und soziale Realitäten zu manipulieren. Die Tatsache, dass unsere Realität durch unser
sprachliches Erleben – durch unsere gewählten Worte
und die Art der Kommunikation – geformt wird, zeigt,

wie eng unser Denken mit unserem Ausdruck verknüpft ist. Ein kontinuierlicher, bewusster Umgang mit dem eigenen Sprachgebrauch bietet uns die Chance, nicht nur persönliche Identitäten zu prägen, sondern auch gesellschaftliche Machtstrukturen zu hinterfragen und aktiv zu verändern.

Indem wir unsere Sprache reflektieren und klug einsetzen, gewinnen wir die Fähigkeit, unsere Welt aktiv mitzugestalten. Diese bewusste Auseinandersetzung bedeutet, alte, überkommene Vorstellungen nicht als unveränderlich hinzunehmen, sondern sie durch neue Perspektiven und Erzählungen herauszufordern. Unsere Worte besitzen die Kraft, Welten zu erschaffen – sei es in politischen Diskursen, in den sozialen Medien oder im alltäglichen Austausch. Wenn wir lernen, diese Macht verantwortungsvoll zu nutzen, tragen wir dazu bei, Denkstrukturen aufzubrechen, die quer durch unsere Gesellschaft wirken, und ermöglichen so eine Realität, in der Werte nicht starr vorgegeben, sondern lebendig und veränderlich sind.

Zusammengefasst zeigt sich, dass der bewusste Umgang mit Sprache zentral dafür ist, wie wir unsere Identität und unser gesellschaftliches Miteinander formen. Anstatt Manipulation hinzunehmen oder uns in traditionellen Narrativen zu verlieren, können wir – durch kritische Reflexion und den Mut zu neuen Erzählweisen – Bedingungen schaffen, die sowohl individuelle Freiheit als auch kollektiven Fortschritt fördern. Diese Haltung bietet letztlich die Grundlage dafür, unsere Realität aktiv und nachhaltig neu zu gestalten.

Die Illusion der Objektivität – Gibt es eine neutrale Realität?

Es gibt eine weit verbreitete Annahme, die tief in uns verankert ist: Wir glauben, dass wir objektiv denken können. Dass wir die Welt so sehen, wie sie wirklich ist – ungeschminkt, unverfälscht, absolut. Aber lass mich ehrlich sein: Das ist nichts weiter als ein Trugbild. Objektivität ist eine Illusion. Egal wie sehr wir uns bemühen, unsere Perspektive wird immer von unserem Denken, unseren Erfahrungen und unserer Umgebung eingefärbt. Und ich sage dir, das ist keine Schwäche, sondern eine Realität, die wir akzeptieren sollten.

Jeder von uns sieht die Welt durch seine eigene Linse. Diese Linse besteht aus Erinnerungen, Emotionen, kulturellen Einflüssen und persönlichen Überzeugungen. Ein einfaches Beispiel: Wenn zwei Menschen denselben Film sehen, könnten sie völlig unterschiedliche Eindrücke davon haben. Warum? Weil ihre Wahrnehmung durch ihre individuellen Erfahrungen geprägt ist. Das ist nicht falsch oder richtig – es ist menschlich.

Aber genau hier beginnt die Herausforderung. Wir neigen dazu zu glauben, dass unsere Sichtweise die einzig wahre ist. Das führt zu Konflikten, Missverständnissen und einer ständigen Suche nach „Beweisen" dafür, dass wir recht haben. Doch wer entscheidet, was recht und was falsch ist? Ist das nicht ebenfalls subjektiv? Selbst wissenschaftliche Erkenntnisse – die als der Gipfel der Objektivität gelten – sind nicht frei von subjektiven Einflüssen. Die Fragen, die gestellt werden, die Methoden, die gewählt werden, die Interpretation der Ergebnisse – all das wird von menschlichen Entscheidungen beeinflusst.

Das bedeutet jedoch nicht, dass Objektivität ein wertloses Konzept ist. Es ist vielmehr ein Ideal, ein Ziel, das wir anstreben können, ohne jemals vollkommen zu erreichen. Aber hier kommt der Clou: Statt uns von der Illusion der absoluten Objektivität täuschen zu lassen, könnten wir lernen, die Kraft der Subjektivität zu nutzen. Unsere Perspektive ist kein Hindernis – sie ist eine Möglichkeit. Indem wir unsere eigenen Denkweisen verstehen und die Perspektiven anderer akzeptieren, schaffen wir eine reichere, vielfältigere Realität.

Die Lösung? Akzeptiere, dass du voreingenommen bist. Akzeptiere, dass deine Sichtweise immer subjektiv sein wird. Und nutze diese Erkenntnis, um deine Denkweise zu erweitern. Frage dich selbst: *Was habe ich übersehen? Was könnte ich falsch verstanden haben? Welche Perspektiven habe ich ausgeschlossen?* Es ist keine Schwäche, diese Fragen zu stellen. Es ist ein Zeichen von Stärke.

Ein weiterer Schritt ist, aktiv nach Vielfalt zu suchen. Lies, hör zu, lerne von Menschen, die anders denken als du. Lass dich herausfordern. Vielleicht wirst du am Ende nicht ihre Meinung übernehmen – das musst du auch nicht. Aber du wirst verstehen, warum sie denken, wie sie denken. Und das allein ist ein Gewinn.

Die Illusion der Objektivität sollte uns nicht entmutigen, sondern inspirieren. Sie zeigt uns, dass es keine universelle Wahrheit gibt, sondern viele individuelle Wahrheiten, die nebeneinander existieren können. Stell dir vor, wie viel reicher unsere Welt wäre, wenn wir diese Vielfalt nicht als Bedrohung, sondern als Bereicherung sehen würden.

Für mich ist dieses Kapitel wie ein Spiegel. Es zwingt mich, meine eigene Sichtweise infrage zu stellen. Und wenn du bereit bist, diesen Spiegel zu nutzen, wirst du feststellen, dass die Illusion der Objektivität keine Grenze ist – sondern ein Tor zu neuen Möglichkeiten.

Die Rolle von Erfahrungen – Warum persönliche Erlebnisse unser Urteil beeinflussen

Manchmal frage ich mich: Sind wir eigentlich wirklich so frei, wie wir glauben, wenn es darum geht, Entscheidungen zu treffen? Unsere Vergangenheit – oder besser gesagt, unsere Erfahrungen – beeinflusst uns mehr, als uns oft bewusst ist. Jede Begegnung, jedes Scheitern, jeder Erfolg hinterlässt Spuren in unserem Denken und formt unsere Sicht auf die Welt. Für mich sind Erfahrungen wie unsichtbare Architekten unserer Gedanken. Sie gestalten nicht nur unsere Wahrnehmung, sondern diktieren auch, wie wir reagieren, was wir glauben und wofür wir kämpfen.

Stell dir vor, du bist ein Kind und hast einen Hund, der dich regelmäßig freudig begrüßt. Du lernst früh: Hunde sind freundlich und vertrauenswürdig. Dann, Jahre später, wird dich ein Hund plötzlich angreifen. Und sofort verändert sich deine Einstellung: Hunde sind gefährlich. Diese beiden Erfahrungen stehen nebeneinander, und jede beeinflusst, wie du Tiere siehst. Was du als „deine Wahrheit" bezeichnest, ist nicht objektiv – es ist geprägt von den Bruchstücken deiner Vergangenheit.

Erfahrungen haben eine seltsame Eigenschaft: Sie fühlen sich absolut an. Sie wirken wie unumstößliche Beweise dafür, wie die Welt funktioniert. Doch in Wahrheit sind sie genauso subjektiv wie unsere Wahrnehmung. Dein erster Job, dein erster Herzschmerz, die erste Niederlage – all das sind Bausteine, die dich zu dem gemacht haben, der du heute bist.

Aber was wäre, wenn ich dir sage, dass diese Erfahrungen nicht die ganze Wahrheit sind? Was wäre, wenn sie dich manchmal in die falsche Richtung lenken?

Ein Beispiel: Du hast bei einem Vortrag einmal versagt. Die Worte kamen nicht heraus, und du hast dich blamiert. Sofort entsteht eine neue „Wahrheit" in deinem Kopf: Du bist nicht gut darin, vor anderen zu sprechen. Diese vermeintliche Wahrheit beeinflusst dich fortan – du vermeidest Präsentationen, du zweifelst an deiner Fähigkeit, klar zu kommunizieren. Doch was ist das eigentlich? Es ist nur eine Erfahrung, ein Moment, der dich definiert hat, obwohl er es nicht sollte. Was wäre, wenn du ihn umdeutest? Was wäre, wenn du sagst: „Es war ein Ausrutscher, und das nächste Mal wird besser." Plötzlich öffnet sich eine Tür, und die Begrenzung deiner Erfahrung verschwindet.

Erfahrungen pragen nicht nur unsere Sicht auf uns selbst, sondern auch unsere Beziehungen. Wenn du von jemandem verletzt wurdest, bist du vorsichtig. Du baust Mauern, um dich zu schützen. Diese Schutzmechanismen sind verständlich, aber sie schränken dich auch ein. Du entscheidest dich für Sicherheit statt für Verbindung, und das ist oft der leichtere Weg. Doch ist er auch der richtige? Vielleicht nicht immer. Die Frage ist: Wie können wir unsere Erfahrungen nutzen, um zu wachsen, statt uns einzuschränken?

Der Schlüssel liegt in der Reflexion. Es geht darum, bewusst zurückzublicken und die Ereignisse deiner Vergangenheit zu analysieren. War diese Erfahrung wirklich so absolut, wie sie scheint? Oder war sie nur ein kleiner Ausschnitt aus einem größeren Bild? Wenn du lernst, deine Vergangenheit als das zu sehen, was sie ist – eine Sammlung von Momenten, nicht die Definition deiner Identität – gewinnst du eine neue Freiheit. Du wirst nicht länger von deinen Erfahrungen beherrscht, sondern kannst sie gezielt nutzen, um dich zu stärken.

Ein weiterer wichtiger Punkt ist die Perspektive. Ein und dieselbe Erfahrung kann aus verschiedenen Blickwinkeln völlig unterschiedlich erscheinen. Du hast einen Job verloren – ist das ein Versagen oder eine Chance für einen Neuanfang? Du bist in einer Beziehung gescheitert – ist das das Ende von Liebe oder der Beginn von Selbstfindung? Die Art, wie du deine Erfahrungen siehst, bestimmt ihre Wirkung auf dich. Indem du aktiv die Perspektive änderst, kannst du selbst negative Ereignisse in etwas Positives verwandeln.

Für mich ist dieses Kapitel wie ein Gespräch mit unserer eigenen Vergangenheit. Es fordert uns heraus, unsere Erfahrungen nicht als unumstößliche Wahrheiten zu akzeptieren, sondern als Lektionen, die uns etwas lehren. Es fordert uns heraus, mutig zu sein und die Kontrolle über die Narrative unserer Vergangenheit zu übernehmen. Und vor allem fordert es uns heraus, zu erkennen, dass wir nicht die Summe unserer Erfahrungen sind – wir sind mehr.

2.0. DIE ROLLE DER GESCHICHTE UND DES GLAUBENS

Historische Prägung – Wie vergangene Ereignisse unsere Denkweise formen

Für mich fühlt sich Geschichte manchmal wie ein stiller Zuschauer an – sie sitzt in der Ecke und beobachtet, wie wir Entscheidungen treffen, wie wir denken und wie wir handeln, ohne dass wir uns ihrer Anwesenheit bewusst sind. Aber lass mich etwas klarstellen: Geschichte ist nicht passiv. Sie ist aktiv, und sie spielt eine zentrale Rolle in allem, was wir tun. Die vergangenen Ereignisse – sei es der Triumph einer Revolution, die Tragik eines Krieges oder die subtilen Veränderungen durch Technologien – prägen uns. Sie sind wie ein unsichtbares Fundament, auf dem unser heutiges Denken errichtet wurde.

Denk mal darüber nach: Warum sehen wir bestimmte Themen so, wie wir sie sehen? Warum neigen wir dazu, in Kategorien wie „gut" und „böse", „richtig" und „falsch" zu denken? Diese Denkweise ist keine angeborene Fähigkeit – sie ist gelernt. Sie ist das Ergebnis dessen, was uns die Geschichte gelehrt hat. Ereignisse, die vor Jahrzehnten oder Jahrhunderten stattgefunden haben, wirken immer noch nach. Sie haben die Rahmenbedingungen geschaffen, die unsere Gesellschaft, unsere Kultur und sogar unsere individuellen Überzeugungen definieren.

Ein Beispiel: Die Industrialisierung. Sie ist nicht nur eine historische Phase, die vor langer Zeit passiert ist. Ihre Auswirkungen prägen immer noch, wie wir Arbeit, Fortschritt und Wachstum verstehen. Sie hat das Ideal des ständigen „Mehr" geschaffen – mehr Produktion, mehr Profit, mehr Geschwindigkeit. Aber was wäre, wenn wir diese historischen Prägungen hinterfragen? Was wäre, wenn wir erkennen, dass dieses „Mehr" nicht immer besser ist? Die Vergangenheit bietet uns Lektionen, aber sie hält uns auch fest. Wir sind gefangen in Mustern, die nicht mehr zu unserer Realität passen.

Die Geschichte prägt nicht nur unsere Denkmuster, sondern auch unsere Identität. Nationale Geschichte – die Geschichten, die wir uns über unser Land, unsere Kultur und unsere Herkunft erzählen – geben uns ein Gefühl der Zugehörigkeit. Doch diese Geschichten sind oft selektiv. Sie heben die Erfolge hervor und vergessen die Schattenseiten. Sie konstruieren ein Bild, das nicht immer die gesamte Wahrheit widerspiegelt. Ist das falsch? Vielleicht nicht. Aber es schränkt uns ein. Es verhindert, dass wir die Komplexität und die Widersprüche unserer Vergangenheit vollständig akzeptieren.

Und dann ist da noch die globale Dimension. Die Geschichte ist nicht nur eine Sammlung von nationalen Erzählungen – sie ist ein Netz, das uns alle verbindet. Was in einem Teil der Welt passiert, beeinflusst die Denkweise in einem anderen Teil. Kolonialismus, Weltkriege, technologische Revolutionen – sie alle haben Spuren hinterlassen, die weit über ihre geografischen Ursprünge hinausgehen. Doch wie oft denken wir wirklich darüber nach? Wie oft erkennen wir, dass unsere heutigen Überzeugungen und Ideologien durch Ereignisse geprägt wurden, die wir nie direkt erlebt haben?

Was ich sagen will, ist: Geschichte ist nicht nur ein Ort, den wir besuchen, um etwas zu lernen. Sie ist ein Spiegel, der uns zeigt, wer wir sind und warum wir so denken, wie wir denken. Die Herausforderung liegt darin, diesen Spiegel zu nutzen, um nicht nur zu verstehen, sondern auch infrage zu stellen. Welche Lektionen halten uns zurück? Welche Perspektiven haben wir ignoriert? Welche Muster können wir durchbrechen?

Die Lösung liegt in der bewussten Auseinandersetzung. Geschichte ist keine feste Größe – sie ist flexibel, formbar, zugänglich. Indem wir sie untersuchen, hinterfragen und neu interpretieren, können wir die Ketten, die sie uns auferlegt, lockern. Es geht nicht darum, die Vergangenheit zu vergessen. Es geht darum, sie so zu verstehen, dass sie uns befähigt, statt uns zu begrenzen.

Für mich ist dieses Kapitel ein Aufruf, die Augen zu öffnen. Es fordert dich heraus, Geschichte nicht als etwas Entferntes oder Abgeschlossenes zu betrachten, sondern als einen lebendigen Einfluss, der direkt in deinem Denken und Handeln wirkt. Denn wenn wir verstehen, wie vergangene Ereignisse unsere heutige Denkweise formen, gewinnen wir die Macht, unsere Zukunft neu zu gestalten.

Der Einfluss des Glaubens – Wie Religion und Ideologien unser Denken beeinflussen

Es ist faszinierend, wie sehr Glaubenssysteme unser Denken prägen. Religionen und Ideologien, egal ob alt oder modern, haben eine bemerkenswerte Fähigkeit: Sie formen nicht nur unsere Moral und unser Weltbild, sondern auch die Entscheidungen, die wir täglich treffen. Und ich möchte dich jetzt herausfordern, anders darüber nachzudenken. Warum setzen wir so viel Vertrauen in diese Systeme? Und wie beeinflussen sie wirklich, wer wir sind und wie wir denken?

Für mich sind Glaubenssysteme wie eine unsichtbare Infrastruktur. Sie sind überall, aber wir nehmen sie selten wahr. Sie schaffen Ordnung, geben uns Sicherheit und erklären die Welt. Sie sind wie ein Filter, durch den wir alles sehen und verstehen. Stell dir vor, du siehst eine Situation. Dein Glaube – sei es religiös oder ideologisch – gibt dir eine sofortige Bewertung. Gut oder böse, richtig oder falsch, gerecht oder ungerecht. Aber wer hat entschieden, dass dieser Filter korrekt ist? Wer hat festgelegt, dass diese Sichtweise die richtige ist?

Religion ist eines der ältesten Beispiele dafür, wie Glaubenssysteme das Denken eines Menschen prägen können. Sie bietet Antworten auf die großen Fragen des Lebens: Wer sind wir? Warum sind wir hier? Was geschieht nach dem Tod? Diese Antworten geben Halt, und das ist nicht falsch. Aber sie legen auch Grenzen. Sie beeinflussen, was wir glauben können und was nicht. Die Idee eines göttlichen Wesens, das alles lenkt, kann beruhigend sein, aber sie kann auch dazu führen, dass wir uns selbst weniger verantwortlich fühlen – „Es ist Gottes Wille" statt „Es liegt in meiner Hand."

Ideologien, besonders politische und gesellschaftliche, haben eine ähnliche Wirkung. Sie geben uns ein Rahmenwerk, durch das wir die Welt betrachten. Kapitalismus, Sozialismus, Feminismus, Umweltschutz – sie alle bieten eine Perspektive, die bestimmte Werte hervorhebt und andere in den Hintergrund rückt. Ideologien sind mächtig, weil sie uns ein Gefühl von Gemeinschaft geben. Sie sagen uns: „Du bist Teil von etwas Größerem." Aber sie haben auch eine gefährliche Seite. Sie neigen dazu, einfache Antworten auf komplexe Fragen zu bieten, und sie können uns in einer Denkweise gefangen halten, die wir selten infrage stellen.

Die Frage, die sich hier stellt, ist: Wie können wir diesen Einfluss bewusst wahrnehmen, ohne ihn völlig zu vermeiden? Denn es ist unmöglich, ohne Glaubenssysteme zu leben. Sie sind ein zentraler Teil dessen, wer wir sind. Doch wir können lernen, sie zu hinterfragen. Wir können uns fragen: *Warum glaube ich an dieses System? Welche Alternativen gibt es? Und wie beeinflusst mein Glaube meine Entscheidungen?*

Für mich liegt die Lösung in der Offenheit. Offenheit gegenüber anderen Glaubenssystemen, anderen Religionen, anderen Ideologien. Es bedeutet nicht, dass du deinen eigenen Glauben aufgeben musst – es bedeutet, dass du ihn erweitern kannst. Wenn du bereit bist, zuzuhören und zu lernen, wirst du feststellen, dass dein eigenes System nicht die einzige Wahrheit ist, sondern eine von vielen möglichen Wahrheiten.

Ein weiterer wichtiger Schritt ist die Selbstreflexion. Glaubenssysteme geben uns oft Antworten, ohne dass wir die Fragen gestellt haben. Nimm dir die Zeit, die Fragen zu stellen: *Warum denke ich so? Woher kommt dieser Gedanke? Und ist er wirklich wahr?* Diese Art von Reflexion kann unangenehm sein, weil sie dich zwingt, deine Komfortzone zu verlassen. Aber sie ist auch befreiend, weil sie dir erlaubt, deine eigene Denkweise aktiv zu gestalten.

Religion und Ideologien sind mächtige Werkzeuge – sie können uns inspirieren, uns zusammenbringen und uns Orientierung geben. Aber sie können uns auch einengen, uns voneinander trennen und uns blind machen für andere Perspektiven. Indem wir lernen, ihre Grenzen zu erkennen, gewinnen wir die Freiheit, sie bewusst zu nutzen, statt von ihnen kontrolliert zu werden.

Die Evolution von Weltbildern – Warum sich Überzeugungen über Zeit ändern

Hast du je darüber nachgedacht, wie flüchtig die Dinge sind, an die wir glauben? Was gestern noch eine unumstößliche Wahrheit war, ist heute nur eine Fußnote in der Geschichte. Unsere Weltbilder, die Fundamente dessen, wie wir die Welt verstehen, sind nicht in Stein gemeißelt – sie sind lebendige, atmende Konstrukte, die sich im Laufe der Zeit wandeln. Und wenn du mich fragst, ist das nicht nur faszinierend, sondern auch ein Beweis dafür, wie anpassungsfähig und unbeständig wir Menschen wirklich sind.

Schau dir die Geschichte an. Überzeugungen, die einst als unerschütterlich galten, wurden von neuen Ideen, Entdeckungen und Perspektiven verdrängt. Im Mittelalter war die Erde der Mittelpunkt des Universums – eine Tatsache, die niemand anzweifelte. Dann kam Kopernikus und stellte alles auf den Kopf. Heute lachen wir über die Vorstellung, dass die Sonne um die Erde kreist, aber damals war das eine radikale Idee, die viele Menschen zutiefst verstörte. Warum? Weil Weltbilder nicht nur Glaubenssätze sind. Sie sind Sicherheitsnetze. Sie geben uns Stabilität in einer chaotischen Welt.

Doch was bringt diese Stabilität ins Wanken? Zwei Dinge: Wissen und Erfahrung. Neue wissenschaftliche Entdeckungen, technologische Fortschritte, gesellschaftliche Veränderungen – all das hinterfragt und erweitert unser Verständnis von der Welt. Erinnerst du dich an das, was in Kapitel 1.5 über persönliche

Erfahrungen gesagt wurde? Nun, hier greift das Konzept auf einer kollektiven Ebene. Wenn eine Generation etwas erlebt, das ihr Weltbild infrage stellt, trägt sie diese Veränderung an die nächste weiter.

Aber nicht nur Wissen verändert Weltbilder – oft sind es auch Krisen. Große Konflikte, wirtschaftliche Zusammenbrüche, Pandemien – sie zwingen uns, die Welt mit anderen Augen zu sehen. Während einer solchen Krise fühlen sich alte Überzeugungen plötzlich leer an, und die Menschheit sucht nach neuen Wegen, die Realität zu begreifen. Das macht Krisen paradoxerweise zu mächtigen Katalysatoren für Fortschritt.

Dennoch: Die Evolution von Weltbildern ist kein linearer Prozess. Für jeden Schritt nach vorne gibt es oft Widerstände und Rückschritte. Menschen halten an Überzeugungen fest, weil sie ihnen Sicherheit und Identität geben. Neue Ideen werden häufig bekämpft, weil sie diese Sicherheit bedrohen. Aber irgendwann setzen sich die stärkeren, zukunftsweisenden Konzepte durch. Es ist ein langer, manchmal schmerzhafter Prozess, aber es ist ein Prozess, der uns vorwärtsbringt.

Und hier kommt die entscheidende Frage: Was bedeutet das für uns? Wie können wir diese Erkenntnis nutzen, um bewusster zu denken und zu handeln? Für mich ist die Antwort klar: Wir müssen offen bleiben. Offen dafür, dass das, was wir heute glauben, morgen infrage gestellt werden könnte. Offen dafür, dass wir uns irren können. Offen dafür, dass neue Ideen die Macht haben, unsere Realität zu bereichern, selbst wenn sie zunächst bedrohlich wirken.

Gleichzeitig ist es wichtig, unsere Weltbilder aktiv zu hinterfragen. Woher kommen unsere Überzeugungen? Sind sie wirklich unsere eigenen, oder haben wir sie einfach übernommen – von der Familie, der Gesellschaft oder der Geschichte? Wenn wir mutig genug sind, diese Fragen zu stellen, können wir die Ketten der Vergangenheit ablegen und unsere eigene, unabhängige Perspektive entwickeln.

Die Evolution von Weltbildern ist kein Zeichen von Schwäche, sondern ein Beweis unserer Fähigkeit, zu lernen und uns anzupassen. Sie zeigt, dass wir nicht die Gefangenen unserer Überzeugungen sind – wir sind ihre Architekten. Und genau das gibt uns die Macht, die Welt nicht nur zu verstehen, sondern sie aktiv zu gestalten.

Mythen und Narrative – Wie Geschichten unsere Identität formen

Wenn ich eines gelernt habe, dann dass Geschichten mehr Macht besitzen, als wir ihnen oft zugestehen. Sie sind nicht einfach nur Unterhaltung oder ein Mittel, um Zeit totzuschlagen – sie sind das Rückgrat unserer Identität, die Bausteine unserer Kultur und die unsichtbaren Fäden, die unsere Gesellschaft zusammenhalten. Doch diese Geschichten sind nicht immer so harmlos, wie sie scheinen. Sie beeinflussen, wie wir denken, wie wir handeln und wie wir uns selbst und andere sehen. Mythen und Narrative sind nicht einfach nur Worte – sie sind Macht.

Betrachte die großen Mythen, die über Jahrtausende hinweg erzählt wurden. Sie sind zeitlos, weil sie universelle Themen berühren: Gut gegen Böse, Ordnung gegen Chaos, Held gegen Feind. Diese archetypischen Geschichten finden sich in den Religionen, den nationalen Erzählungen und sogar in modernen Popkultur-Phänomenen wieder. Sie geben uns nicht nur moralische Leitlinien, sondern auch ein Gefühl von Zugehörigkeit. Aber hier liegt die Krux: Mythen sind keine universellen Wahrheiten. Sie sind Konstruktionen. Und je nachdem, wer sie erzählt, können sie Wahrheit oder Täuschung, Einheit oder Spaltung bringen.

Nimm zum Beispiel nationale Narrative. In jeder Kultur gibt es Geschichten darüber, wie ein Volk entstand, welche Werte es vertritt und was es von anderen unterscheidet. Diese Geschichten schaffen Identität –

„Wir sind dieses" und „Wir sind nicht jenes". Doch oft basieren solche Narrative auf Vereinfachungen, Auslassungen oder sogar Lügen. Sie sollen uns stolz machen, uns verbinden, doch sie blenden manchmal die Dunkelheit aus, die ebenso Teil der Geschichte ist. Ist es falsch, solche Geschichten zu erzählen? Vielleicht nicht. Aber es ist gefährlich, sie nicht zu hinterfragen.

Und dann gibt es die persönlichen Narrative – die Geschichten, die wir uns selbst erzählen. „Ich bin nicht gut genug." „Ich bin immer der Außenseiter." „Ich habe das geschafft, weil ich hart gearbeitet habe." Jede dieser Erzählungen hat ihre Wurzeln in Erfahrungen, die wir gemacht haben, und jede prägt unser Selbstbild. Doch wie oft hinterfragen wir diese inneren Mythen? Wie oft überlegen wir, ob sie wirklich wahr sind? Die Wahrheit ist: Wir sind die Autoren unserer eigenen Geschichten. Wir können das Drehbuch umschreiben, wenn wir mutig genug sind, die alten Erzählungen zu überdenken.

In der modernen Welt haben Mythen und Narrative eine neue Form angenommen: Sie leben in den Medien, den sozialen Netzwerken und der Werbung. Marken erzählen Geschichten, um uns zu überzeugen, Produkte zu kaufen. Influencer erschaffen Narrative, um eine treue Fangemeinde aufzubauen. Politische Kampagnen nutzen einfache Erzählungen, um komplexe Probleme zu erklären. Und wir konsumieren all das, oft ohne zu merken, wie es unsere Denkweise beeinflusst.

Was also können wir tun, um uns von der Macht dieser Geschichten nicht überwältigen zu lassen? Der erste

Schritt ist, kritisch zu sein. Hinterfrage, wer eine Geschichte erzählt und warum. Was ist die Absicht dahinter? Welche Teile der Wahrheit werden weggelassen, um die Erzählung glatter, überzeugender zu machen? Kritisches Denken ist keine Waffe gegen Geschichten – es ist ein Werkzeug, um sie besser zu verstehen.

Der zweite Schritt ist, neue Geschichten zu suchen. Geschichten, die andere Perspektiven bieten, die Vielfalt zeigen, die den Status quo infrage stellen. Es geht nicht darum, eine Erzählung gegen eine andere auszutauschen, sondern darum, ein breiteres Bild zu bekommen. Je mehr Perspektiven du kennst, desto weniger anfällig bist du für die Manipulation einzelner Narrative.

Und schließlich: Schreibe deine eigenen Geschichten. Ob es um dein Leben, deine Gemeinschaft oder deine Zukunft geht – du hast die Macht, die Narrative zu gestalten, die dich definieren. Mythen und Erzählungen sind keine starren Konstrukte. Sie sind lebendig, formbar, anpassungsfähig. Sie gehören nicht nur den Mächtigen oder den Medien – sie gehören uns allen.

Für mich ist dieses Kapitel eine Erinnerung daran, wie wichtig es ist, die Macht der Geschichten zu erkennen und bewusst damit umzugehen. Wenn wir verstehen, wie Mythen und Narrative uns formen, gewinnen wir nicht nur Kontrolle über unser Denken, sondern auch über die Welt, die wir erschaffen wollen.

Tradition vs. Fortschritt – Der Kampf zwischen alten Werten und neuen Ideen

Für mich ist der Konflikt zwischen Tradition und Fortschritt wie ein ständiger Tanz, ein unendlicher Balanceakt zwischen dem Bewahren des Alten und dem Streben nach dem Neuen. Traditionen geben uns Halt, sie sind das Fundament unserer Identität und ein Kompass, der uns durch die Komplexität des Lebens führt. Fortschritt hingegen ist die treibende Kraft, die uns dazu bringt, neue Wege zu gehen, neue Ideen zu erforschen und uns weiterzuentwickeln. Doch wenn diese beiden Kräfte aufeinanderprallen, entsteht oft eine explosive Dynamik. Und genau hier liegt die Herausforderung.

Tradition wird oft als etwas Unantastbares gesehen, fast heilig. Es sind die Rituale, die Werte, die Geschichten, die von Generation zu Generation weitergegeben wurden. Sie sind ein Symbol für Beständigkeit in einer sich ständig verändernden Welt. Doch Tradition ist nicht nur ein Schutzschild – sie kann auch ein Gefängnis sein. Sie bewahrt das, was war, ohne immer zu bedenken, ob es noch relevant ist. Und manchmal, ohne es zu merken, klammert sie sich an Überzeugungen, die uns daran hindern, voranzukommen.

Auf der anderen Seite haben wir den Fortschritt. Er ist aufregend, revolutionär und oft rebellisch. Fortschritt bricht mit alten Mustern, hinterfragt bestehende Strukturen und eröffnet neue Möglichkeiten. Doch er ist nicht immer perfekt. Manchmal bewegt er sich so schnell, dass er die Weisheit und die Lehren der Vergangenheit ignoriert. Er kann blind sein für die Konsequenzen, die seine Ideen mit sich bringen. Fortschritt ist eine kraftvolle Energie, aber ohne die Balance der Tradition kann er destruktiv sein.

Ein Paradebeispiel dafür ist der technologische Fortschritt. Die Erfindung des Internets hat unser Leben revolutioniert. Es hat uns miteinander verbunden, uns Zugang zu Informationen gegeben und unsere Welt unendlich erweitert. Doch gleichzeitig hat es auch alte Werte wie Geduld und persönliche Kommunikation herausgefordert. Die Frage ist: Können wir die Vorteile der Technologie nutzen, ohne die Werte zu verlieren, die uns menschlich machen? Können wir einen Weg finden, Tradition und Fortschritt so zu verbinden, dass beide koexistieren können?

Der Schlüssel liegt für mich darin, die Stärke beider Kräfte zu erkennen. Tradition ist nicht grundsätzlich altmodisch, und Fortschritt ist nicht automatisch gut. Es geht darum, kritisch zu prüfen, welche Traditionen uns helfen und welche uns behindern. Es geht darum, Fortschritt zu begrüßen, aber auch sicherzustellen, dass er auf einem stabilen Fundament steht. Die Balance zwischen beiden ist kein einfacher Prozess, aber sie ist notwendig.

Was ich damit sagen will, ist: Der Kampf zwischen Tradition und Fortschritt ist kein entweder-oder. Es ist ein sowohl-als-auch. Es geht darum, die Weisheit der Vergangenheit zu nutzen, um die Möglichkeiten der

Zukunft zu gestalten. Und es geht darum, die Neugier auf das Neue mit dem Respekt für das Alte zu verbinden.

Für mich ist dieses Kapitel wie eine Brücke. Es zeigt, dass wir nicht zwischen Tradition und Fortschritt wählen müssen – wir können beides haben. Wir können die Werte bewahren, die uns stark machen, und gleichzeitig die Grenzen erweitern, die uns bisher zurückgehalten haben. Das ist keine leichte Aufgabe, aber es ist die Aufgabe, die vor uns liegt.

3.0. GESELLSCHAFTLICHE KONSTRUKTE UND IHRE WIRKUNG

Soziale Normen – Die unsichtbaren Regeln unseres Handelns

Soziale Normen sind wie der Takt eines Liedes, das wir schon immer gehört haben – konstant, vertraut und scheinbar unveränderlich. Doch wenn wir innehalten und zuhören, merken wir schnell, dass diese Regeln nicht von Natur aus existieren. Sie wurden geschaffen, weitergegeben und von uns akzeptiert, oft ohne zu hinterfragen, warum. Soziale Normen sind die unsichtbaren Leitlinien, die unseren Alltag lenken, und sie prägen, wie wir miteinander umgehen, was wir als akzeptabel ansehen und welche Erwartungen wir an uns selbst und andere stellen.

Ihr Ursprung liegt tief in unserer Vergangenheit, eingebettet in Geschichten, Traditionen und Glaubenssystemen, die über Generationen hinweg weitergetragen wurden. Sie bieten Struktur und geben Sicherheit. Sie definieren, wie „normal" aussieht, und bieten einen klaren Rahmen für unser Handeln. Doch dieser Rahmen ist nicht immer so neutral, wie er erscheint. Hinter jeder Norm steht ein Grund – ein Bedürfnis, eine Absicht oder ein Machtgefüge, das oft unbemerkt bleibt.

Zum Beispiel die Vorstellung, wie Erfolg definiert wird. Lange wurde Erfolg als eine Kombination aus finanziellem Wohlstand, Status und Einfluss dargestellt – eine Sichtweise, die tief in sozialen Normen verwurzelt ist. Doch wer hat diese Definition geprägt? Und warum folgen wir ihr so bereitwillig, auch wenn sie nicht immer unseren eigenen Vorstellungen entspricht? Die Antwort liegt in unserer sozialen Dynamik: Anpassung bringt Anerkennung, und Anerkennung bringt Zugehörigkeit.

Das Bedürfnis nach Zugehörigkeit ist eine der stärksten Triebfedern hinter der Akzeptanz sozialer Normen. Es gibt uns ein Gefühl der Sicherheit, der Gemeinschaft, des „Wir". Doch diese Zugehörigkeit fordert auch einen Preis: Konformität. Sie verlangt, dass wir uns anpassen, selbst wenn wir uns dabei selbst ein Stück weit verlieren. Die Regeln, die diese Anpassung steuern, sind nicht starr – sie verändern sich mit der Zeit, beeinflusst durch gesellschaftliche Entwicklungen, technologische Fortschritte und individuelle Entscheidungen.

Doch was passiert, wenn wir uns von diesen Regeln befreien? Das bedeutet nicht, soziale Normen komplett zu verwerfen, sondern sie bewusst zu hinterfragen. Was ist wirklich „normal"? Und wer hat das entschieden? Diese Reflexion öffnet den Raum für Veränderung. Es ermöglicht uns, Normen zu erkennen, die einschränkend sind, und sie durch neue Regeln zu ersetzen, die Freiheit und Vielfalt fördern.

Ein entscheidender Schritt dabei ist, sich seiner Rolle in diesem System bewusst zu werden. Denn Normen existieren nur, solange sie akzeptiert und weitergetragen werden. Indem wir unsere Entscheidungen und unser Handeln überdenken, können wir beginnen, diese unsichtbaren Regeln aktiv mitzugestalten, statt sie einfach hinzunehmen. Es ist ein Prozess, der Mut und Selbstreflexion erfordert, aber er gibt uns die Möglichkeit, eine neue Realität zu erschaffen – eine, die nicht nur passt, sondern auch wirklich frei macht.

Soziale Normen sind keine festen Größen, sondern lebendige, formbare Strukturen. Sie haben die Macht, zu verbinden, aber auch zu trennen. Die Kunst liegt darin, sie bewusst zu nutzen, anstatt von ihnen kontrolliert zu werden. Denn die Regeln unseres Handelns sind nicht in Stein gemeißelt – sie sind Werkzeuge, und wir sind die Architekten, die sie gestalten.

Machtstrukturen – Wer bestimmt die Regeln, und warum folgen wir ihnen?

Die Regeln, die unser Leben bestimmen, scheinen oft unantastbar. Sie formen unsere sozialen Normen, unsere Beziehungen und unsere Handlungen, ohne dass wir sie bewusst hinterfragen. Doch hinter jeder Regel verbirgt sich eine Machtstruktur. Diese Strukturen sind nicht nur in politischen Institutionen oder Wirtschaftsmodellen zu finden – sie durchziehen jeden Aspekt unseres Lebens. Ob in der Art, wie wir sprechen, wie wir uns verhalten oder was wir als akzeptabel betrachten, Macht ist eine unsichtbare Präsenz, die den Rahmen unserer Realität absteckt.

Machtstrukturen sind nicht zufällig entstanden. Sie sind das Ergebnis von jahrhundertelangen Entwicklungen, beeinflusst durch kulturelle, religiöse und historische Ereignisse. Sie sind tief in den Geschichten verwurzelt, die uns erzählt wurden, und in den Mythen, die unsere Wahrnehmung geprägt haben. Diese Strukturen belohnen diejenigen, die sie unterstützen, und erschweren es, sie infrage zu stellen. Sie arbeiten oft subtil und unauffällig, was ihre Wirkung umso durchdringender macht.

Doch Macht ist nicht statisch. Sie passt sich an, verändert ihre Form und findet immer neue Wege, sich zu manifestieren. In modernen Gesellschaften zeigt sie sich nicht nur durch offensichtliche Hierarchien, sondern auch durch unsichtbare Mechanismen – wie zum Beispiel in den Algorithmen, die bestimmen, welche

Inhalte wir online sehen, oder in den stillen Erwartungen, die von sozialen Normen aufrechterhalten werden. Macht kann uns verbinden und organisieren, aber sie kann uns auch trennen und kontrollieren.

Warum folgen wir diesen Strukturen so bereitwillig? Einerseits, weil sie uns Stabilität und Orientierung bieten. Sie definieren, was als richtig oder falsch, akzeptabel oder unangemessen gilt. Andererseits, weil wir gelernt haben, dass es einfacher ist, sich anzupassen, als gegen die Strömung zu schwimmen. Der Wunsch nach Zugehörigkeit und Sicherheit ist ein starkes Motiv, und Machtstrukturen nutzen diesen Wunsch, um sich zu behaupten.

Doch Macht ist nicht per se negativ. Sie ist eine neutrale Kraft, deren Auswirkungen davon abhängen, wie sie eingesetzt wird. In den richtigen Händen kann Macht Fortschritt, Innovation und Gerechtigkeit fördern. Sie kann Strukturen schaffen, die Zusammenarbeit und Wohlstand ermöglichen. Doch wenn sie missbraucht wird, festigt sie Ungleichheit, unterdrückt Stimmen und blockiert Veränderung.

Der erste Schritt, Machtstrukturen zu verstehen, ist, sie sichtbar zu machen. Wer profitiert von einer Regel? Wem dient ein bestimmtes System? Warum wird es verteidigt? Diese Fragen helfen uns, die Mechanismen hinter den Kulissen zu durchschauen und die Dynamik der Macht besser zu verstehen.

Ein weiterer Schritt ist die Reflexion der eigenen Rolle innerhalb dieser Strukturen. Jeder von uns ist sowohl Empfänger als auch Träger von Macht. Indem wir uns bewusst machen, wie wir selbst Macht ausüben oder unterstützen, können wir aktiv daran arbeiten, Ungleichgewichte zu korrigieren. Es geht darum, Macht als Werkzeug zu nutzen – nicht nur für persönliche Vorteile, sondern für das Gemeinwohl.

Schließlich liegt die Chance in der Veränderung. Machtstrukturen sind nicht unveränderlich. Sie entwickeln sich ständig weiter, und wir haben die Fähigkeit, sie zu beeinflussen. Indem wir alternative Regeln und Systeme schaffen, können wir eine gerechtere und ausgewogenere Gesellschaft aufbauen, in der Macht nicht länger nur den Interessen weniger dient.

Macht ist keine abstrakte Idee. Sie ist ein lebendiger Teil unseres Lebens, der darüber entscheidet, wie wir die Welt erleben und wie wir in ihr handeln. Der Schlüssel liegt darin, sie bewusst zu hinterfragen und aktiv zu gestalten – nicht als Last, sondern als Chance, eine gerechtere Realität zu schaffen.

Die Psychologie der Gruppendynamik – Warum wir uns Mehrheiten anschließen

Es ist faszinierend und zugleich rätselhaft, wie stark unser Verhalten von der Dynamik innerhalb einer Gruppe beeinflusst wird. Ob wir uns dessen bewusst sind oder nicht, die Entscheidungen und Meinungen anderer Menschen wirken oft wie unsichtbare Magnete, die unsere eigene Richtung bestimmen. In der Psychologie der Gruppendynamik liegt eine tiefe Wahrheit über das menschliche Wesen: Wir sind soziale Tiere, und unsere Zugehörigkeit zu einer Gruppe kann unsere individuelle Freiheit herausfordern, aber auch unsere kollektive Stärke fördern.

Der Grundstein dieser Dynamik wird in unserem Bedürfnis nach Sicherheit und Akzeptanz gelegt. Wir suchen oft die Nähe zu Mehrheiten, weil sie Stabilität vermitteln und uns das Gefühl geben, Teil von etwas Größerem zu sein. In einem Raum voller Menschen, die sich einig sind, empfinden wir eine beruhigende Wärme – das Wissen, dass wir nicht allein sind. Aber diese Zugehörigkeit hat ihren Preis: Sie bringt uns dazu, unsere eigenen Überzeugungen zu hinterfragen und uns an die Normen der Gruppe anzupassen. Dabei können sich Mehrheiten wie ein sicherer Hafen anfühlen, in dem es leichter ist, die eigenen Unsicherheiten zu überdecken.

Doch wie genau üben Gruppen eine solch starke Macht über das Individuum aus? Ein entscheidender Faktor ist der sogenannte Konformitätsdruck. Menschen passen ihre Meinungen und Entscheidungen oft an die Mehrheit an, selbst wenn sie im Stillen Zweifel haben. Dieser Druck entsteht durch die Angst, ausgeschlossen oder abgelehnt zu werden. Es ist ein Mechanismus, der tief in unserer Evolutionsgeschichte verankert ist: In der Gruppe zu bleiben bedeutete einst Überleben, während Isolation Gefahr und Unsicherheit brachte.

Ein weiteres Konzept, das die Gruppendynamik prägt, ist die soziale Identität. Als Mitglieder einer Gruppe sehen wir uns oft nicht nur als Einzelpersonen, sondern als Vertreter dieser Gemeinschaft. Unsere Identität wird untrennbar mit den Werten und Überzeugungen der Gruppe verbunden. Dies verstärkt die Loyalität und den Zusammenhalt, kann aber auch zu einer „Wir gegen die anderen"-Mentalität führen. Die Grenze zwischen der Gruppe und der Außenwelt wird verstärkt, und die Bereitschaft, alternative Perspektiven zuzulassen, verringert sich.

In manchen Fällen nimmt diese Dynamik extreme Formen an, etwa in der sogenannten Gruppendenkweise (Groupthink). Hierbei handelt es sich um eine Situation, in der die Harmonie innerhalb der Gruppe so stark betont wird, dass kritisches Denken und abweichende Meinungen unterdrückt werden. Entscheidungen werden getroffen, die nicht unbedingt rational oder optimal sind, einfach weil niemand den Mut hat, sich gegen die Mehrheit zu stellen. Die Gruppe entwickelt ein geschlossenes Weltbild, das externe Kritik ablehnt und eigene Fehler ignoriert.

Ein weiterer interessanter Aspekt der Gruppendynamik ist die Rolle von Meinungsführern. Innerhalb jeder Gruppe gibt es Personen, die durch ihre Persönlichkeit, Expertise oder Position überproportionalen Einfluss auf die anderen Mitglieder ausüben. Diese Meinungsführer können die Richtung der Gruppe maßgeblich lenken – zum Guten oder zum Schlechten. Ihre Worte und Handlungen haben das Potenzial, die gesamte Dynamik zu verändern, und sie können entweder Offenheit und Vielfalt fördern oder Konformität und Dogmatismus verstärken.

Aber warum schließen wir uns so bereitwillig Mehrheiten an, selbst wenn wir im tiefsten Inneren anderer Meinung sind? Die Antwort liegt nicht nur in der Angst vor Ablehnung, sondern auch in der Kraft der sozialen Bestätigung. Wenn viele Menschen eine Meinung teilen, wirkt sie automatisch glaubwürdiger und „richtiger". Dieses Phänomen, bekannt als der „Bandwagon-Effekt", führt dazu, dass sich immer mehr Menschen der Mehrheit anschließen – nicht aus Überzeugung, sondern aus dem Bedürfnis nach Sicherheit und Zugehörigkeit.

Doch was bedeutet all das für uns als Individuen? Können wir der Macht der Gruppendynamik entkommen, oder sind wir dazu verdammt, uns immer an Mehrheiten anzupassen? Die Antwort liegt in der bewussten Reflexion. Es erfordert Mut, die eigene Position zu hinterfragen und sich der Mehrheit zu widersetzen, wenn nötig. Kritisches Denken und die Bereitschaft, abweichende Meinungen zu hören und zu berücksichtigen, sind entscheidend, um die Balance zwischen individueller Freiheit und Gruppenzugehörigkeit zu wahren.

Zugleich ist es wichtig, die positiven Aspekte der Gruppendynamik zu nutzen. Gruppen bieten Unterstützung, fördern Zusammenarbeit und ermöglichen es, größere Ziele zu erreichen, als es ein Einzelner könnte. Die Herausforderung liegt darin, ein Umfeld zu schaffen, in dem Vielfalt und unabhängiges Denken geschätzt werden, anstatt blind der Mehrheit zu folgen.

Die Psychologie der Gruppendynamik zeigt uns, wie komplex und faszinierend menschliches Verhalten ist. Sie erinnert uns daran, dass wir als Individuen zwar frei sind, aber niemals völlig unabhängig von den sozialen Strukturen, die uns umgeben. Indem wir die Mechanismen der Gruppendynamik verstehen, können wir aktiv dazu beitragen, eine Kultur zu schaffen, die sowohl die Stärke der Gemeinschaft als auch die Freiheit des Einzelnen fördert. Nur so können wir die Balance zwischen Sicherheit und Vielfalt, Zugehörigkeit und Autonomie finden – ein Ziel, das die Essenz des menschlichen Lebens widerspiegelt.

Massenmedien und Manipulation – Wie Informationen gelenkt werden

Wir leben in einer Zeit, in der Informationen allgegenwärtig sind. Überall umgeben uns Nachrichten, Artikel, Bilder und Videos, die uns versprechen, die Welt zu erklären. Doch was wir oft übersehen, ist die unsichtbare Macht, die hinter diesen Informationen steckt. Die Massenmedien sind nicht nur Werkzeuge zur Vermittlung von Wissen – sie sind auch Instrumente, die Wahrnehmungen formen, Meinungen lenken und manchmal sogar manipulieren können.

Die Massenmedien haben eine enorme Reichweite und eine unvergleichliche Fähigkeit, Aufmerksamkeit zu gewinnen. Sie entscheiden, welche Themen wichtig sind, und setzen damit die Agenda der gesellschaftlichen Diskussion. Doch diese Macht ist nicht neutral. Jeder Bericht, jedes Bild und jede Schlagzeile wird durch den Filter derjenigen geformt, die die Kontrolle über diese Medien besitzen. Die Auswahl dessen, was gezeigt wird – und was nicht –, kann subtile, aber wirkungsvolle Botschaften vermitteln.

Ein zentraler Mechanismus der Manipulation liegt in der sogenannten „Framing"-Technik. Hierbei wird ein Thema in einem spezifischen Kontext dargestellt, wodurch die Wahrnehmung der Öffentlichkeit beeinflusst wird. Zum Beispiel kann ein wirtschaftliches Problem entweder als „Krise" oder als „Herausforderung" beschrieben werden, je nachdem, welche emotionale Reaktion hervorgerufen werden soll. Diese subtile

Steuerung der Sprache hat einen enormen Einfluss darauf, wie Menschen Ereignisse interpretieren und darauf reagieren.

Zusätzlich spielt die Wiederholung eine entscheidende Rolle. Studien zeigen, dass wiederholte Botschaften eine höhere Glaubwürdigkeit erlangen, unabhängig davon, ob sie wahr oder objektiv sind. Dieser Effekt wird von Massenmedien gezielt genutzt, um bestimmte Narrative zu festigen. Wenn wir immer wieder hören, dass ein bestimmtes Produkt „das Beste" ist oder eine politische Entscheidung „alternativlos", beginnen wir, diese Aussagen als Fakten zu akzeptieren.

Doch die Manipulation endet nicht bei der Sprache. Bilder und visuelle Inhalte sind mächtige Werkzeuge, um Emotionen zu wecken und Meinungen zu beeinflussen. Ein gezielt ausgewähltes Bild kann Mitleid, Wut oder Bewunderung hervorrufen – oft ohne dass wir uns dessen bewusst sind. Die Macht der Medien liegt in ihrer Fähigkeit, diese Emotionen zu lenken und so die öffentliche Meinung zu formen.

Die Digitalisierung hat diese Dynamik noch verstärkt. Plattformen wie soziale Medien haben die Geschwindigkeit und Reichweite von Informationen exponentiell erhöht. Doch sie haben auch neue Formen der Manipulation hervorgebracht. Algorithmen entscheiden, welche Inhalte wir sehen, basierend auf unserem bisherigen Verhalten. Diese Personalisierung schafft Filterblasen, in denen wir nur Informationen erhalten, die unsere bestehenden Überzeugungen bestätigen.

Dies verstärkt nicht nur die Polarisierung, sondern erschwert es auch, eine ausgewogene Sicht auf komplexe Themen zu bewahren.

Die Massenmedien haben auch direkte Verbindungen zu Machtstrukturen. Politische Akteure, Unternehmen und Interessengruppen nutzen Medien, um ihre Botschaften zu verbreiten und ihre Agenda zu fördern. Dies geschieht oft subtil, etwa durch gesponserte Inhalte oder durch die Auswahl bestimmter Experten, die in Diskussionen eingebunden werden. Selbst der Verzicht auf bestimmte Themen – das sogenannte „Gatekeeping" – ist eine Form der Manipulation, die unsere Wahrnehmung stark beeinflusst.

Was können wir tun, um diesen Mechanismen entgegenzuwirken? Ein erster Schritt ist das Bewusstsein. Wir müssen lernen, die Absichten hinter den Informationen zu hinterfragen und die Quellen kritisch zu prüfen. Wer berichtet, und warum wird genau diese Perspektive gewählt? Diese Reflexion hilft uns, manipulative Taktiken zu erkennen und uns davor zu schützen.

Ein weiterer wichtiger Schritt ist, unsere Medienkompetenz zu stärken. Wir müssen in der Lage sein, zwischen Fakten und Meinungen zu unterscheiden, und verstehen, wie Algorithmen unsere Informationsauswahl beeinflussen. Gleichzeitig sollten wir den Mut haben, unsere Filterblasen zu durchbrechen, indem wir verschiedene Perspektiven aktiv suchen und neue Quellen erschließen.

Die Massenmedien sind ein unverzichtbarer Teil unserer Gesellschaft. Sie ermöglichen Zugang zu Informationen, fördern den Diskurs und bringen Menschen zusammen. Doch sie sind auch ein Machtinstrument, das bewusst und unbewusst unsere Wahrnehmung lenkt. Indem wir uns dieser Dynamiken bewusst werden, können wir den Einfluss der Medien kritisch hinterfragen und eine informierte, unabhängige Meinung entwickeln – eine Fähigkeit, die im Zeitalter der Informationsflut wichtiger ist denn je.

Kapitalismus, Sozialismus und andere Modelle – Ideologien als Denkrahmen

Ideologien sind mehr als nur abstrakte Theorien oder politische Konzepte. Sie sind Denkrahmen, durch die wir die Welt verstehen, Werte definieren und Entscheidungen treffen. Sie beeinflussen, wie wir wirtschaftliche Systeme organisieren, soziale Strukturen aufbauen und politische Macht verteilen. Kapitalismus, Sozialismus und andere gesellschaftliche Modelle sind nicht nur Systeme – sie sind auch Geschichten, die wir uns erzählen. Geschichten über Freiheit und Gerechtigkeit, über Chancen und Gleichheit, über den Einzelnen und die Gemeinschaft. Doch wie prägen diese Ideologien unser Denken, und wie können wir sie kritisch hinterfragen?

Der Kapitalismus, als eines der dominierenden Wirtschaftssysteme der Gegenwart, basiert auf der Idee des freien Marktes. Er propagiert die Vorstellung, dass individueller Wettbewerb und privates Eigentum nicht nur Wohlstand schaffen, sondern auch Innovation und Fortschritt fördern. Die Rolle des Einzelnen steht im Mittelpunkt: Jede Person hat die Chance, durch eigene Anstrengung und Fähigkeiten Erfolg zu erreichen. Doch diese Erzählung blendet oft die Realität aus, in der nicht alle Menschen mit den gleichen Ausgangsbedingungen starten. Der Kapitalismus betont die Freiheit, verschließt jedoch häufig die Augen vor den Ungleichheiten, die er erzeugt.

Ein zentraler Kritikpunkt am Kapitalismus ist die Konzentration von Reichtum und Macht. Große Unternehmen und wenige Einzelpersonen kontrollieren oft weite Teile der Wirtschaft, während soziale Ungleichheiten wachsen. Die Dynamik von Angebot und Nachfrage mag neutral erscheinen, doch sie wird von Machtverhältnissen geprägt, die oft unsichtbar bleiben. Wer Zugang zu Ressourcen hat, entscheidet nicht nur über wirtschaftlichen Erfolg, sondern auch über die Möglichkeit, Einfluss auf politische Entscheidungen und gesellschaftliche Strukturen zu nehmen.

Dem gegenüber steht der Sozialismus, der eine Alternative zum kapitalistischen Modell bietet. Hier liegt der Fokus nicht auf dem Individuum, sondern auf der Gemeinschaft. Sozialistische Systeme betonen die gerechte Verteilung von Ressourcen und setzen sich dafür ein, wirtschaftliche und soziale Ungleichheiten zu verringern. Eigentum wird oft kollektiv oder staatlich organisiert, mit dem Ziel, das Wohl der gesamten Gesellschaft über die Interessen Einzelner zu stellen.

Doch auch der Sozialismus hat seine Herausforderungen. In der Praxis können sozialistische Systeme dazu führen, dass individuelle Freiheiten eingeschränkt werden, sei es durch strikte staatliche Kontrolle oder durch das Fehlen von Anreizen für Innovation. Die Spannungen zwischen Gleichheit und Freiheit, zwischen Gemeinschaft und individueller Verantwortung sind Herausforderungen, die sozialistische Modelle immer wieder neu verhandeln müssen.

Neben Kapitalismus und Sozialismus gibt es weitere Modelle, die versuchen, das Spannungsfeld zwischen Freiheit und Gerechtigkeit anders auszubalancieren. Der Kommunitarismus beispielsweise betont die Bedeutung von Gemeinschaft und lokaler Verbundenheit, während er dennoch Raum für individuelle Freiheit lässt. Der Anarchismus hingegen lehnt zentrale Autorität ab und setzt auf freiwillige Kooperation und Selbstorganisation als Grundlage für soziale und wirtschaftliche Strukturen.

Ein weiteres bemerkenswertes Modell ist die ökologische Ökonomie, die versucht, wirtschaftliches Wachstum mit den Grenzen des Planeten in Einklang zu bringen. Hier steht die Nachhaltigkeit im Mittelpunkt, und die Grundannahmen des Kapitalismus – unendliches Wachstum und unerschöpfliche Ressourcen – werden radikal infrage gestellt. Dieses Modell gewinnt in einer Zeit zunehmender Umweltkrisen immer mehr an Bedeutung und fordert uns auf, unser Denken über Wohlstand und Fortschritt zu überdenken.

Was all diese Modelle gemeinsam haben, ist, dass sie versuchen, komplexe Fragen von Ressourcenverteilung, Macht und Verantwortung zu beantworten. Sie sind nicht nur wirtschaftliche Systeme, sondern auch moralische und philosophische Frameworks, die unser Verständnis von Gerechtigkeit und Menschlichkeit prägen. Doch egal welches System betrachtet wird – keine Ideologie ist frei von Schwächen oder Widersprüchen. Jede Erzählung über „die beste Ordnung" ist geprägt von den Annahmen und Perspektiven derer, die sie vertreten.

Ein besonderes Augenmerk sollte auf der Rolle der Macht in diesen Systemen liegen. Unabhängig vom Modell bestimmen diejenigen, die Macht besitzen, wie die Regeln interpretiert und durchgesetzt werden. Im Kapitalismus sind es häufig wirtschaftliche Eliten, die den Diskurs dominieren, während im Sozialismus staatliche Institutionen diese Rolle übernehmen können. Beide Ansätze können dazu führen, dass Macht zentralisiert und Stimmen marginalisiert werden. Diese Dynamiken zu verstehen, ist entscheidend, um die Stärken und Schwächen jedes Systems zu beurteilen.

Doch wie können wir diese Ideologien kritisch hinterfragen? Ein erster Schritt ist das Bewusstsein für die Geschichten, die sie erzählen. Welche Werte und Überzeugungen stehen im Mittelpunkt? Welche Realitäten werden betont, und welche werden ausgeblendet? Indem wir diese Erzählungen analysieren, können wir die verborgenen Annahmen und blinden Flecken jedes Modells aufdecken.

Ein weiterer Schritt ist, die Auswirkungen der Systeme in der Praxis zu betrachten. Theorien mögen auf dem Papier überzeugend sein, aber ihre Umsetzung ist oft von Kompromissen und unvorhergesehenen Konsequenzen geprägt. Historische Beispiele bieten wertvolle Lektionen, um zu verstehen, wie Ideologien unter realen Bedingungen funktionieren – und wo sie scheitern.

Schließlich erfordert die Auseinandersetzung mit Ideologien die Fähigkeit, Komplexität zu akzeptieren. Es gibt keine einfachen Antworten auf die Fragen nach Gerechtigkeit, Freiheit und Wohlstand. Vielleicht besteht die größte Herausforderung darin, einen Weg zu finden, der die besten Elemente verschiedener Modelle kombiniert, anstatt starr an einer einzigen Ideologie festzuhalten.

In einer Welt, die von globalen Krisen, wirtschaftlichen Ungleichheiten und kulturellen Spannungen geprägt ist, sind Ideologien wichtige Werkzeuge, um Orientierung zu finden und Lösungen zu suchen. Doch sie sind keine endgültigen Wahrheiten. Sie sind Denkrahmen, die uns helfen, Fragen zu stellen und Alternativen zu erkunden. Indem wir sie kritisch hinterfragen und weiterentwickeln, können wir nicht nur unser eigenes Denken erweitern, sondern auch zur Gestaltung einer gerechteren und nachhaltigeren Welt beitragen.

Die moderne Informationsflut – Zwischen Wissen und Desinformation

Wir leben in einer Ära, die oft als das „Informationszeitalter" bezeichnet wird. Noch nie zuvor war es so einfach, so schnell und so umfassend auf Informationen zuzugreifen. Doch dieser scheinbare Fortschritt bringt auch Herausforderungen mit sich: Inmitten der Flut von Daten, Nachrichten, Meinungen und Meinungsführern stehen wir häufig vor der schwierigen Aufgabe, zwischen Wissen und Desinformation zu unterscheiden. Diese Dynamik prägt nicht nur, wie wir denken, sondern auch, wie wir Entscheidungen treffen und mit unserer Welt interagieren.

Die moderne Informationsflut ist ein Produkt technologischer Entwicklungen, insbesondere der Digitalisierung und Vernetzung. Mit wenigen Klicks können wir globale Ereignisse in Echtzeit verfolgen, uns durch endlose Artikel und Videos bewegen und unsere Ansichten mit Menschen aus aller Welt teilen. Doch diese Verfügbarkeit von Informationen hat eine Kehrseite: Die Menge an Daten ist so überwältigend, dass es schwierig ist, ihre Qualität zu beurteilen und zu filtern. Wir stehen vor einer paradoxen Situation: Trotz der Fülle an Wissen fühlen wir uns oft verloren und desorientiert.

Ein zentrales Problem der Informationsflut ist die Desinformation. Diese kann absichtlich verbreitet werden, um Meinungen zu beeinflussen, oder unabsichtlich, durch ungenaue oder unverifizierte Inhalte. Desinformation nutzt die Geschwindigkeit und Reichweite digitaler Plattformen, um falsche oder irreführende Narrative zu verbreiten. In sozialen Medien werden solche Inhalte oft verstärkt, da Algorithmen die Aufmerksamkeit maximieren und kontroverse Informationen bevorzugt hervorheben. Dies führt dazu, dass Desinformation leichter zugänglich ist als fundiertes Wissen.

Doch warum ist es so schwierig, Desinformation zu erkennen? Einer der Hauptgründe ist die sogenannte „Bestätigungsbias" – die Tendenz, Informationen zu bevorzugen, die unsere bestehenden Überzeugungen bestätigen, und solche zu ignorieren, die ihnen widersprechen. Diese Verzerrung wird durch Filterblasen und Echo-Kammern verstärkt, die durch Algorithmen in sozialen Medien entstehen. Wir konsumieren bevorzugt Inhalte, die unsere Sichtweise unterstützen, und bewegen uns in digitalen Räumen, in denen abweichende Meinungen kaum vertreten sind. Dies erschwert eine kritische Reflexion und die Überprüfung von Informationen.

Ein weiterer Faktor ist die Emotionalisierung von Informationen. Nachrichten, die starke Emotionen wie Angst, Wut oder Mitgefühl hervorrufen, werden häufiger geteilt und diskutiert. Diese emotionale Manipulation ist ein mächtiges Werkzeug, das oft von Desinformationskampagnen genutzt wird, um Aufmerksamkeit zu gewinnen und Meinungen zu polarisieren. Wir reagieren auf diese Inhalte, ohne sie gründlich zu hinterfragen, und tragen dadurch zur Verbreitung von Desinformation bei.

Die Konsequenzen der modernen Informationsflut gehen weit über individuelles Denken hinaus. Sie beeinflusst unsere gesellschaftlichen und politischen Systeme, indem sie den Diskurs fragmentiert und die Polarisierung verstärkt. In einer Welt, die von Algorithmen gesteuert wird, wird es immer schwieriger, eine gemeinsame Grundlage für Diskussionen und Entscheidungen zu finden. Jeder lebt in seiner eigenen Realität, geprägt durch die Informationen, die er oder sie konsumiert.

Doch diese Dynamik ist nicht unveränderlich. Es gibt Wege, um mit der Informationsflut umzugehen und sich gegen Desinformation zu schützen. Der erste Schritt ist die Förderung kritischer Denkfähigkeiten. Wir müssen lernen, Informationen zu hinterfragen, ihre Quellen zu prüfen und ihre Glaubwürdigkeit zu bewerten. Wer hat diese Inhalte erstellt? Welche Absichten könnten dahinterstehen? Sind die Fakten überprüfbar? Diese Fragen helfen uns, zwischen Wissen und Desinformation zu unterscheiden.

Ein weiterer wichtiger Ansatz ist die Medienkompetenz. Es geht darum, zu verstehen, wie digitale Plattformen funktionieren, wie Algorithmen unsere Wahrnehmung beeinflussen und wie Filterblasen entstehen. Indem wir dieses Wissen nutzen, können wir bewusster mit Informationen umgehen und unsere digitalen Räume aktiv gestalten.

Auch die Vielfalt der Perspektiven spielt eine entscheidende Rolle. Indem wir uns bewusst mit unterschiedlichen Meinungen und Quellen auseinandersetzen, können wir unsere eigene Sichtweise erweitern und die Bestätigungsbias überwinden. Es erfordert Mut, sich mit abweichenden Meinungen auseinanderzusetzen, aber es ist ein entscheidender Schritt, um Desinformation zu bekämpfen und fundiertes Wissen zu fördern.

Schließlich braucht es gemeinsame gesellschaftliche Anstrengungen, um die Qualität von Informationen zu sichern. Regierungen, Medienorganisationen und Technologieunternehmen haben eine Verantwortung, Transparenz zu fördern, Desinformation zu bekämpfen und die öffentliche Bildung zu stärken. Gleichzeitig müssen wir uns als Individuen unserer Rolle bewusst sein, denn jeder Klick, jeder Kommentar und jeder Share trägt dazu bei, welche Informationen sichtbar werden und welche nicht.

Die moderne Informationsflut ist eine Herausforderung, aber auch eine Chance. Sie bietet uns Zugang zu Wissen, das früher unvorstellbar war, und die Möglichkeit, globale Zusammenhänge zu verstehen und aktiv mitzugestalten. Doch um diese Chance zu nutzen, müssen wir lernen, bewusst mit Informationen umzugehen und ihre Qualität zu sichern. Dies erfordert kritisches Denken, Medienkompetenz und die Bereitschaft, Verantwortung zu übernehmen – für das, was wir konsumieren, und für das, was wir teilen.

In einer Zeit, in der Wissen und Desinformation nebeneinander existieren, ist es unsere Aufgabe, den

Unterschied zu erkennen und fundierte Entscheidungen zu treffen. Nur so können wir die Informationsflut zu unserem Vorteil nutzen und eine Welt gestalten, in der Wissen zugänglicher und Desinformation weniger mächtig ist.

4.0. DIE PSYCHOLOGIE DER ENTSCHEIDUNGSFINDUNG

Emotionen vs. Rationalität – Wer trifft wirklich unsere Entscheidungen?

Es ist erstaunlich, wie oft wir glauben, rationale Entscheidungen zu treffen. Wir meinen, wir seien logische, objektive Wesen, die Informationen sorgfältig abwägen, bevor sie handeln. Doch ein genauer Blick offenbart, dass unsere Entscheidungen häufig von Emotionen bestimmt werden – lange bevor die Vernunft ins Spiel kommt. Dieser innere Konflikt zieht sich durch alle Bereiche unseres Lebens, sei es auf persönlicher, gesellschaftlicher oder globaler Ebene. Dabei wird deutlich, dass wir trotz scheinbar eindeutiger Logik an tief verankerten Mustern und Überzeugungen festhalten, die vor allem emotionale Wurzeln haben.

Emotionen sind unsichtbare Kräfte, die unsere Weltwahrnehmung formen und subtil, aber mächtig unsere Handlungen beeinflussen. Ein Beispiel, das du ansprichst, ist die Reaktion auf Leid. Der Obdachlose, der auf der Straße sitzt, oder die erschöpfte alleinerziehende Mutter, die trotz zweier Jobs kaum über die Runden kommt, lösen in uns Gefühle aus. Vielleicht ist es Mitgefühl, vielleicht ist es Schuld. Doch oft folgt darauf keine Handlung. Stattdessen sehen wir weg, ignorieren oder rechtfertigen uns mit rationalen

Ausflüchten, um uns selbst zu entlasten. Es ist einfacher, dem Obdachlosen vorzuwerfen, „selbst schuld" zu sein, als sich der Verantwortung zu stellen, etwas ändern zu können oder gar zu müssen. Solche Reaktionen offenbaren, wie wir unsere Emotionen rationalisieren, um unangenehme Wahrheiten zu vermeiden.

Diese Muster beginnen früh. Von Geburt an werden wir geprägt, nicht nur durch Worte, sondern auch durch die emotionalen Botschaften, die sie tragen. Patriotismus, kulturelle Werte oder religiöse Überzeugungen werden uns oft nicht logisch erklärt, sondern über Gefühle vermittelt. Stolz, Schuld, Ehrfurcht – all diese Emotionen werden subtil in uns verankert, lange bevor wir in der Lage sind, diese zu hinterfragen. Treffend „Gehirnwäsche seit der Geburt". Es ist die emotionale Bindung an etwas Vertrautes, das uns Sicherheit gibt, auch wenn es objektiv betrachtet möglicherweise keine logische Grundlage hat. So wird eine Identität geformt, die nicht auf unserer freien Wahl, sondern auf den Gefühlen basiert, die uns von unserer Umgebung vermittelt wurden.

Diese emotionale Prägung erklärt, warum Menschen so oft stur an ihren Überzeugungen festhalten – selbst wenn diese unlogisch erscheinen. Gefühle wie Angst, Stolz oder das starke Bedürfnis nach Zugehörigkeit können die rationale Logik überlagern. Ein stolzer Patriot mag trotz offensichtlicher Missstände davon überzeugt bleiben, dass sein Land das Beste ist – nicht, weil objektive Beweise sprechen, sondern weil sein Selbstbild untrennbar mit diesen Emotionen verknüpft ist. Dasselbe gilt für religiöse Überzeugungen: Der Glaube bietet oft emotionale Sicherheit in einer chaotischen Welt, sodass Widersprüche zwar rasch erkennbar, aber durch emotionale Impulse wie Hoffnung oder Trost überdeckt werden.

Diese Beobachtung wird noch verstärkt, wenn man den Widerspruch zwischen technischem Fortschritt und gesellschaftlichem Stillstand betrachtet. Während wir immer komplexere Technologien entwickeln, verharren viele soziale Strukturen in veralteten Denkmustern. Emotionen wie die Angst vor Veränderung oder die Bindung an Traditionen verhindern oftmals, dass sich Gesellschaften weiterentwickeln. Nachhaltigkeit illustriert dieses Spannungsfeld besonders deutlich: Obwohl die meisten Menschen wissen, dass unser verschwenderischer Umgang mit Ressourcen langfristig katastrophale Folgen hat, blockieren Gefühle der Bequemlichkeit oder Resignation – etwa in der Frage „Was kann ich allein schon bewirken?" – sinnvolle Entscheidungen.

Auch im Umgang mit globalen Herausforderungen zeigt sich diese Dynamik. Kollektive Ignoranz und emotionale Abwehrmechanismen hindern uns häufig daran, die Realität anzuerkennen. Anstatt Verantwortung zu übernehmen, neigen viele dazu, ihr Verhalten zu rechtfertigen oder diese Verantwortung auf andere abzuschieben, um unangenehme Gefühle zu vermeiden. Dieses Verhalten tritt nicht nur auf individueller Ebene auf, sondern manifestiert sich auch in gesellschaftlichen Strukturen. Institutionen wie Religionen, politische Systeme und kulturelle Normen nutzen Emotionen wie Angst, Hoffnung oder Schuld, um Macht auszuüben und Kontrolle zu behalten. Die daraus entstehenden kollektiven Emotionen sind oftmals stärker als rein rationale Überlegungen und prägen, wie sich Gesellschaften entwickeln – oder in Festgefahrenheit verharren.

Diese Zusammenhänge verdeutlichen, dass Emotionen und Rationalität in einem ständigen Wechselspiel stehen. Während emotionale Impulse oftmals dazu führen, dass traditionelle Überzeugungen beibehalten werden, können gleichzeitig diese starken Gefühle auch als Motor für Veränderung wirken – wenn sie bewusst reflektiert und konstruktiv genutzt werden. Die Herausforderung liegt darin, die eigenen emotionalen Muster zu erkennen und sie aktiv zu hinterfragen, um so Raum für neue Perspektiven und Fortschritt zu schaffen.

Doch Emotionen sind nicht nur Hindernisse. Sie sind auch mächtige Treiber für Veränderung. Historisch gesehen haben kollektive Gefühle wie Empörung, Begeisterung oder Mitgefühl soziale Bewegungen hervorgebracht. Revolutionen, gesellschaftliche Fortschritte und Innovationen wurden durch starke Emotionen ins Rollen gebracht. Alten Muster durchbrechen und unsere Emotionen nicht länger unbewusst steuern lassen, sondern sie bewusst reflektieren und in positive Bahnen lenken.

Der Schlüssel liegt in der Balance zwischen Emotionen und Rationalität. Gefühle sind keine Feinde der Vernunft – sie können einander ergänzen, wenn wir lernen, sie bewusst einzusetzen. Achtsamkeit und Reflexion ermöglichen es, die Ursachen unserer Emotionen zu verstehen und sie konstruktiv zu nutzen. Warum fühle ich so, wie ich fühle? Welche Prägungen stecken dahinter? Indem wir uns diese Fragen stellen, können wir emotionale Automatismen durchbrechen und freier denken.

Am Ende bleibt die Erkenntnis, dass Emotionen der Kern unserer Menschlichkeit sind. Sie verbinden uns mit anderen, geben unserem Leben Tiefe und motivieren uns zu handeln. Doch ohne Reflexion können sie uns auch blind machen und in alten Mustern gefangen halten. Es ist eine Notwendigkeit, diese Muster zu erkennen und den Mut zu finden, sie zu verändern. Emotionen und Rationalität sind keine Gegensätze. Sie sind Werkzeuge, die wir nutzen können, um nicht nur unsere eigenen Entscheidungen bewusster zu treffen, sondern auch die Welt, in der wir leben, zu gestalten.

Manipulation und Einflussnahme – Wie wir gelenkt werden, ohne es zu merken

Wir glauben, unsere Entscheidungen bewusst und unabhängig zu treffen. Doch oft sind unsere Überzeugungen das Ergebnis subtiler Beeinflussung und unbewusster Prägung. Meinungen, die wir für unsere eigenen halten, sind häufig durch äußere Einflüsse geformt – durch Erziehung, gesellschaftliche Normen und kulturelle Werte. Diese Mechanismen wirken so tief, dass wir sie selten hinterfragen. Sie lenken unser Denken, ohne dass wir es bemerken, und bestimmen, welche Perspektiven wir als selbstverständlich ansehen.

Diese Prägung beginnt früh. Noch bevor wir die Welt kritisch hinterfragen können, übernehmen wir Werte und Überzeugungen aus unserer Umgebung. Ein Kind wächst in einer bestimmten Kultur auf, lernt eine Sprache, die nicht nur Kommunikation ermöglicht, sondern auch Denkstrukturen formt. Es nimmt die Welt durch die Brille seiner Erziehung wahr und entwickelt ein Selbstverständnis, das von äußeren Einflüssen geprägt ist. Diese Mechanismen wirken nicht nur individuell, sondern auch kollektiv – ganze Gesellschaften formen sich durch gemeinsame Narrative, die über Generationen weitergegeben werden. Dadurch entsteht eine Realität, die nicht objektiv ist, sondern durch soziale Konstrukte definiert wird.

Ein besonders starkes Mittel der Manipulation ist die Sprache. Worte haben die Kraft, unser Denken zu formen, uns zu lenken und unsere Sichtweise zu verändern. Politische Rhetorik ist ein Beispiel dafür: Begriffe wie „Sicherheit", „Reform" oder „Freiheit" klingen positiv und vielversprechend, doch oft verbergen sie Absichten, die genau das Gegenteil bewirken. Kritisiere Mechanismen und halte nicht an Überzeugungen fest, selbst wenn sie unlogisch oder schädlich sind. Solche Überzeugungen werden oft durch emotionale Sprache gestützt, die gezielt eingesetzt wird, um rationale Zweifel zu übertönen.

Doch nicht nur Sprache, auch Bilder und Symbole spielen eine zentrale Rolle in der Manipulation. Moderne Medienplattformen wie TikTok und YouTube spielen eine zentrale Rolle in der Meinungsbildung. Durch gezielte Algorithmen und die wiederholte Darstellung bestimmter Inhalte wird das Nutzerverhalten beeinflusst. Botschaften werden subtil verstärkt, indem sie immer wie- der präsentiert oder emotional inszeniert werden. Wenn ein Nutzer regelmäßig Videos sieht, die eine bestimmte Ideologie oder Sichtweise fördern, beginnt er, sie als selbstverständlich wahrzunehmen – selbst wenn er ursprünglich eine kritische Haltung dazu hatte. Dieser Prozess kann dazu führen, dass Meinungen unbewusst gefestigt werden, während alternative Perspektiven zunehmend in den Hintergrund treten.

Ein weiteres starkes Instrument der Manipulation ist der soziale Druck. Menschen sind von Natur aus soziale Wesen, die dazugehören wollen. Dieser Wunsch nach Akzeptanz macht uns anfällig für Gruppenzwang und Mehrheitsmeinungen. Selbst wenn sie innerlich Zweifel haben, zögern sie, diese auszusprechen, aus Angst vor Ablehnung oder Isolation. Dieser Mechanismus wird in sozialen Netzwerken besonders deutlich: Likes, Kommentare und geteilte Inhalte belohnen konformes Verhalten und bestrafen Abweichungen.

Auch wirtschaftliche und politische Strukturen tragen zur Manipulation bei. Du schreibst, wie Reiche und Mächtige seit Jahrtausenden ihre Position sichern, indem sie Gesellschaften lenken und kontrollieren. In der heutigen Zeit geschieht dies durch gezielte Werbekampagnen, Lobbyismus oder den Einfluss großer Konzerne auf Politik und Medien. Manipulation ist hier nicht immer offensichtlich – oft erfolgt sie durch subtile Veränderungen in unserem Alltag. Ein Beispiel ist die gezielte Platzierung von Produkten, die uns glauben lässt, wir hätten sie selbst ausgewählt, obwohl unsere Wahl sorgfältig geplant wurde.

Die größte Herausforderung besteht darin, Manipulation zu erkennen. Sie ist oft so gut getarnt, dass wir sie nicht bemerken. Dies erfordert Mut, denn es bedeutet, gelernte Überzeugungen infrage zu stellen und sich mit unbequemen Wahrheiten auseinanderzusetzen. Doch genau hier liegt der Schlüssel zur Freiheit: Nur wer erkennt, wie er manipuliert wird, kann sich dagegen wehren und wirklich eigene Entscheidungen treffen.

Am Ende zeigt sich, dass Manipulation allgegenwärtig ist – in unseren Beziehungen, in der Politik, in den Medien und sogar in unseren eigenen Gedanken. Doch sie ist nicht unbesiegbar. Indem wir uns unserer Prägungen bewusst werden, kritisch hinterfragen und uns von emotionaler und sozialer Kontrolle lösen, können wir einen Weg finden, wirklich frei zu denken.

Die Rolle des Unterbewusstseins – Warum wir mehr beeinflusst werden, als wir denken

Die meisten Menschen betrachten ihre Entscheidungen und Gedanken als das Ergebnis bewusster Überlegungen. Doch die Wahrheit ist viel komplexer: Unser Unterbewusstsein spielt eine zentrale Rolle in fast allem, was wir tun, fühlen und denken. Es arbeitet im Verborgenen, beeinflusst unser Verhalten und formt unsere Wahrnehmung – oft ohne dass wir uns dessen bewusst sind. Dieses faszinierende Wechselspiel zwischen bewussten und unbewussten Prozessen offenbart, wie tiefgreifend unser Denken durch Kräfte gelenkt wird, die außerhalb unseres direkten Zugriffs liegen.

Das Unterbewusstsein ist wie ein großer Speicher, in dem unzählige Informationen abgelegt sind: Erinnerungen, Emotionen, Erfahrungen und Instinkte. Es verarbeitet Daten schneller und umfassender, als es unser bewusster Verstand jemals könnte. Während wir uns bewusst auf einen Gedanken konzentrieren können, scannt unser Unterbewusstsein gleichzeitig die Umwelt, bewertet Risiken, sucht nach Mustern und aktiviert passende Reaktionen. Diese Mechanismen sind für unser Überleben essenziell, da sie schnelle Entscheidungen ermöglichen, bevor unser bewusster Verstand die Situation vollständig erfassen kann.

Ein klassisches Beispiel für die Macht des Unterbewusstseins sind automatisierte Verhaltensweisen, die wir als „Gewohnheiten" kennen. Wenn wir morgens unsere Zähne putzen, einen Kaffee machen oder den

Weg zur Arbeit finden, denken wir nicht aktiv darüber nach – unser Unterbewusstsein hat die Kontrolle übernommen. Solche Gewohnheiten sind nicht nur praktisch, sondern sie zeigen auch, wie das Unterbewusstsein unsere Zeit und Energie effizient verwaltet, indem es Routinehandlungen automatisiert.

Doch die Rolle des Unterbewusstseins reicht weit über Gewohnheiten hinaus. Es beeinflusst auch, wie wir Menschen, Situationen und Informationen bewerten. Eine Studie in der Psychologie zeigt, dass unser erster Eindruck von einer Person oft in weniger als einer Sekunde entsteht – lange bevor unser bewusster Verstand diese Bewertung reflektieren kann. Diese unbewusste Wahrnehmung wird von Faktoren wie Körpersprache, Gesichtsausdruck und Stimme beeinflusst und prägt, wie wir mit dieser Person interagieren.

Ein faszinierender Aspekt des Unterbewusstseins ist seine Fähigkeit, Emotionen zu steuern. Oft spüren wir bestimmte Gefühle, ohne zu wissen, woher sie kommen. Diese Emotionen sind oft das Ergebnis von unbewussten Prozessen, die auf früheren Erfahrungen oder versteckten Ängsten basieren. Das Unterbewusstsein arbeitet kontinuierlich daran, unsere Emotionen zu regulieren, um unser Verhalten an unsere Umgebung anzupassen. Dies kann uns helfen, mit Stress umzugehen, aber es kann auch dazu führen, dass wir unbewusst auf subtile Manipulationen reagieren – etwa durch Werbung, die gezielt unsere Emotionen anspricht.

Ein weiteres bemerkenswertes Phänomen ist die Rolle des Unterbewusstseins bei Entscheidungen. Während unser bewusster Verstand die „Vorteile und Nachteile" einer Wahl abwägt, ist unser Unterbewusstsein bereits aktiv. Es nutzt emotionale und körperliche Signale, sogenannte „Somatic Markers", um uns intuitiv zu leiten. Diese Signale basieren auf früheren Erfahrungen und können uns dazu bringen, eine Entscheidung zu treffen, die sich „richtig" anfühlt, selbst wenn sie rational schwer erklärbar ist.

Das Unterbewusstsein spielt auch eine entscheidende Rolle bei der Verarbeitung von Informationen. Es scannt und filtert kontinuierlich die Datenflut, die uns umgibt, und entscheidet, welche Details für uns relevant sind. Ein einfaches Beispiel ist das sogenannte „Cocktailparty-Phänomen": Auf einer lauten Party hören wir viele Gespräche, aber sobald unser Name erwähnt wird, richten wir sofort unsere Aufmerksamkeit darauf. Dieses Phänomen zeigt, wie das Unterbewusstsein Schlüsselreize erkennt und unsere Aufmerksamkeit lenkt – oft ohne, dass wir es merken.

Doch diese Macht des Unterbewusstseins kann auch problematisch sein. Es ist anfällig für Verzerrungen und Manipulationen, da es stark auf Muster und Assoziationen reagiert. Werbung, politische Kampagnen und Medien nutzen oft Techniken wie „Priming", um unbewusste Prozesse zu aktivieren und unser Verhalten zu lenken. Eine subtile Veränderung der Wortwahl oder der visuellen Darstellung kann unser Unterbewusstsein beeinflussen und uns in eine bestimmte Richtung drängen.

Die Beziehung zwischen dem bewussten und unbewussten Denken ist komplex und faszinierend. Es gibt jedoch Möglichkeiten, das Zusammenspiel besser zu verstehen und bewusst zu nutzen. Ein entscheidender Schritt ist die Reflexion. Indem wir uns Zeit nehmen, über unsere Entscheidungen und Emotionen nachzudenken, können wir die unbewussten Muster aufdecken, die unser Verhalten steuern. Dies erfordert Geduld und Übung, da das Unterbewusstsein oft schneller arbeitet als unser bewusster Verstand.

Ein weiterer Ansatz ist die gezielte Beeinflussung des Unterbewusstseins durch positive Gewohnheiten und Gedankenmuster. Studien zeigen, dass Affirmationen, Visualisierungen und Meditation das Unterbewusstsein stärken und seine Wirkung positiv lenken können. Diese Techniken fördern nicht nur emotionales Wohlbefinden, sondern helfen auch, besser mit Stress und Herausforderungen umzugehen.

Das Unterbewusstsein ist keine unsichtbare Kraft, die uns passiv kontrolliert. Es ist ein aktiver und dynamischer Teil unseres Denkens, der uns helfen kann, Entscheidungen zu treffen, Herausforderungen zu meistern und unsere Ziele zu erreichen. Indem wir uns seiner Bedeutung bewusst werden und lernen, mit ihm zu arbeiten, können wir die Kontrolle über unser Denken und Handeln zurückgewinnen – und die verborgenen Potenziale unseres Geistes nutzen.

Entscheidungsfindung unter Unsicherheit – Wie wir mit unbekannten Faktoren umgehen

Entscheidungen zu treffen ist eine grundlegende menschliche Fähigkeit. Doch wenn wir mit Unsicherheit konfrontiert werden, wird dieser Prozess erheblich komplexer. Unsicherheit kann viele Formen annehmen – unvollständige Informationen, widersprüchliche Optionen oder unvorhersehbare Konsequenzen. Sie zwingt uns, Risiken abzuwägen und Kompromisse einzugehen, oft ohne die Garantie, dass unsere Entscheidungen die gewünschten Ergebnisse bringen. Dieses Kapitel beleuchtet die Mechanismen der Entscheidungsfindung unter Unsicherheit und zeigt, wie wir unsere Fähigkeiten in solchen Situationen verbessern können.

Unsicherheit ist in jeder Lebenslage präsent. Ob wir uns entscheiden, welche berufliche Laufbahn wir einschlagen, welche Investition wir tätigen oder welche Reise wir planen – wir stehen immer vor der Herausforderung, zwischen bekannten und unbekannten Faktoren zu balancieren. Diese Unbekannten erzeugen oft Stress und Zweifel, da unser Gehirn auf Sicherheit und Vorhersehbarkeit ausgelegt ist. Wenn diese fehlen, fühlt sich der Entscheidungsprozess wie ein Sprung ins Ungewisse an.

Ein zentraler Aspekt der Entscheidungsfindung unter Unsicherheit ist die Bewertung von Risiken. Unser Gehirn versucht, potenzielle Gefahren zu antizipieren und unsere Optionen entsprechend zu priorisieren. Doch dieser Prozess ist oft fehleranfällig, da wir dazu neigen,

Risiken entweder zu über- oder zu unterschätzen. Ein klassisches Beispiel dafür ist die sogenannte „Verfügbarkeitsheuristik". Menschen bewerten die Wahrscheinlichkeit von Ereignissen häufig basierend darauf, wie leicht sie sich ähnliche Ereignisse ins Gedächtnis rufen können – und nicht anhand tatsächlicher Daten. Ein Flugzeugabsturz, der in den Medien prominent dargestellt wird, mag in unserem Kopf wahrscheinlicher erscheinen, obwohl die statistischen Chancen extrem gering sind.

Ein weiteres Hindernis bei Entscheidungen unter Unsicherheit ist die sogenannte „Ambiguitätsaversion". Menschen bevorzugen oft klare und eindeutige Informationen, selbst wenn diese möglicherweise falsch oder unvollständig sind, gegenüber unklaren und ambivalenten Situationen. Diese Tendenz führt dazu, dass wir uns manchmal für die sicherste Option entscheiden, obwohl riskantere Alternativen potenziell bessere Ergebnisse liefern könnten. Ambiguitätsaversion ist besonders stark ausgeprägt, wenn wir keine Kontrolle über die Unsicherheitsfaktoren haben, wie beispielsweise in finanziellen oder politischen Entscheidungsprozessen.

Um Entscheidungen unter Unsicherheit zu treffen, greifen wir auf verschiedene Strategien zurück, die uns helfen, mit den Unbekannten umzugehen. Eine dieser Strategien ist die „Satisfizierung". Anstatt nach der besten Lösung zu suchen, akzeptieren wir eine Option, die „gut genug" ist und unsere Mindestanforderungen erfüllt. Diese Herangehensweise spart Zeit und Energie, indem sie den Entscheidungsprozess vereinfacht, birgt jedoch die Gefahr, dass wir uns mit suboptimalen Ergebnissen zufriedengeben.

Eine andere Strategie ist die „Wahrscheinlichkeitsgewichtung". Hierbei versuchen wir, die potenziellen Ergebnisse einer Entscheidung mit ihrer jeweiligen Wahrscheinlichkeit abzuwägen. Diese Methode basiert auf dem Prinzip der rationalen Entscheidungsfindung, erfordert jedoch eine hohe Informationsverarbeitung und ist oft fehleranfällig, da unser Gehirn dazu neigt, Wahrscheinlichkeiten subjektiv zu verzerren. Wir bewerten häufig „sichere" Optionen höher als sie es tatsächlich sind und unterschätzen die Chancen von riskanteren Entscheidungen.

Emotionen spielen ebenfalls eine entscheidende Rolle bei der Entscheidungsfindung unter Unsicherheit. Sie können sowohl hilfreich als auch hinderlich sein. Positives Denken und Vertrauen können uns dazu motivieren, mutige Entscheidungen zu treffen und Chancen zu nutzen. Gleichzeitig können Ängste und Zweifel uns dazu bringen, vorsichtiger zu sein und Risiken zu vermeiden. Die Herausforderung besteht darin, diese Emotionen bewusst zu steuern, damit sie unseren Entscheidungsprozess unterstützen, anstatt ihn zu blockieren.

Ein faszinierender Ansatz zur Bewältigung von Unsicherheit ist die Nutzung von Intuition. Intuition ist die Fähigkeit, Entscheidungen schnell und ohne bewusste

Analyse zu treffen. Sie basiert auf Erfahrung und unbewusstem Wissen, das unser Unterbewusstsein verarbeitet hat. Studien zeigen, dass intuitive Entscheidungen oft genauso effektiv sind wie rationale Überlegungen, insbesondere in Situationen, in denen wir nicht über ausreichend Zeit oder Informationen verfügen. Doch Intuition ist kein Allheilmittel – sie sollte durch Reflexion und Analyse ergänzt werden, um ihre Zuverlässigkeit zu erhöhen.

Wie können wir unsere Entscheidungsfähigkeit unter Unsicherheit verbessern? Der erste Schritt ist die Akzeptanz der Unsicherheit. Es ist wichtig, zu erkennen, dass kein Entscheidungsprozess jemals perfekt sein wird. Unsicherheit gehört zum Leben dazu, und der Versuch, sie vollständig zu eliminieren, ist sowohl unrealistisch als auch kontraproduktiv. Stattdessen sollten wir lernen, mit Unsicherheitsfaktoren konstruktiv umzugehen und uns auf das konzentrieren, was wir kontrollieren können.

Ein weiterer Ansatz ist die Förderung von Resilienz. Resiliente Menschen sind besser in der Lage, mit stressigen und unsicheren Situationen umzugehen, da sie flexibel und anpassungsfähig sind. Diese Fähigkeit kann durch Achtsamkeit, Selbstreflexion und die Entwicklung einer positiven Denkweise gestärkt werden. Resilienz hilft uns, bei schwierigen Entscheidungen ruhig zu bleiben und rationale Lösungen zu finden, selbst wenn die äußeren Bedingungen herausfordernd sind.

Auch die Nutzung von Szenario-Planung kann helfen, Unsicherheit zu bewältigen. Indem wir verschiedene mögliche Ergebnisse einer Entscheidung visualisieren und Strategien für jeden dieser Fälle entwickeln, können wir besser auf unerwartete Ereignisse reagieren. Diese Methode fördert kreatives Denken und hilft uns, uns auf die Komplexität der Unsicherheit einzustellen, anstatt uns von ihr überwältigen zu lassen.

Schließlich ist es entscheidend, eine Balance zwischen Rationalität und Intuition zu finden. Rationalität gibt uns die Werkzeuge, um Risiken zu bewerten und fundierte Entscheidungen zu treffen, während Intuition uns hilft, mit unklaren und unvorhersehbaren Situationen umzugehen.

Entscheidungen unter Unsicherheit sind eine der größten Herausforderungen des Lebens, doch sie bieten auch enorme Chancen für Wachstum und Entwicklung. Indem wir uns diesen Herausforderungen stellen und unsere Fähigkeiten kontinuierlich verbessern, können wir nicht nur bessere Entscheidungen treffen, sondern auch unser Vertrauen in uns selbst und unsere Fähigkeit, mit den Unbekannten des Lebens umzugehen, stärken.

Die Kraft der Gewohnheit – Warum wir oft nach bekannten Mustern handeln

Gewohnheiten sind der unsichtbare Motor, der unser tägliches Leben antreibt. Sie sind eingespielte Verhaltensweisen, die uns durch Routine und Vertrautheit Sicherheit bieten. Während sie uns helfen, Zeit und Energie zu sparen, können sie uns auch daran hindern, Neues zu entdecken und unser Potenzial voll auszuschöpfen. Die Macht der Gewohnheit ist ein faszinierendes Phänomen – tief in der Psychologie verwurzelt und beeinflusst von den Mechanismen unseres Gehirns. Warum folgen wir so oft bekannten Mustern, selbst wenn sie uns nicht immer gut tun? Und wie können wir bewusst mit unseren Gewohnheiten umgehen?

Gewohnheiten entstehen durch Wiederholung. Wenn wir eine Handlung häufig ausführen, verfestigt sie sich im Gehirn und wird zu einem automatisierten Verhalten. Dieser Prozess wird durch das Zusammenspiel von drei entscheidenden Komponenten beschrieben: Auslöser, Routine und Belohnung. Der Auslöser ist das Signal, das die Gewohnheit auslöst – etwa der Duft von Kaffee, der uns dazu bringt, die Kaffeemaschine zu starten. Die Routine ist die Handlung selbst, während die Belohnung das angenehme Gefühl ist, das wir damit verbinden. Dieses sogenannte „Gewohnheitsschleifenmodell" erklärt, wie Gewohnheiten entstehen und warum sie so schwer zu ändern sind.

Das Gehirn spielt hierbei eine zentrale Rolle. Gewohnheiten werden im sogenannten Basalganglienbereich gespeichert – einem Teil des Gehirns, der für automatisierte Bewegungen und Verhaltensmuster zuständig ist. Indem das Gehirn die Kontrolle über wiederholte Aktionen übernimmt, spart es Energie und Ressourcen für komplexere Aufgaben. Diese „Automatisierung" ist der Grund, warum wir nicht aktiv darüber nachdenken müssen, wie wir unsere Zähne putzen oder Auto fahren. Doch sie ist auch der Grund, warum Gewohnheiten so tief verankert sind.

Ein faszinierender Aspekt von Gewohnheiten ist ihre unsichtbare Macht. Sie steuern nicht nur unser Verhalten, sondern auch unser Denken und unsere Entscheidungen. Studien zeigen, dass Menschen oft Entscheidungen treffen, die auf alten Gewohnheiten basieren, selbst wenn sie bessere Alternativen kennen. Dies liegt daran, dass Gewohnheiten mit minimalem Aufwand verbunden sind – sie erfordern keine bewusste Planung oder Reflexion. Das Gehirn bevorzugt den Weg des geringsten Widerstands und wählt die vertraute Routine.

Doch diese Macht kann sowohl positiv als auch negativ wirken. Positive Gewohnheiten, wie regelmäßiges Training oder gesunde Ernährung, fördern unser Wohlbefinden und unsere Lebensqualität. Negative Gewohnheiten hingegen, wie übermäßiger Medienkonsum oder das Aufschieben von Aufgaben, können unsere Produktivität und unser emotionales Gleichgewicht beeinträchtigen. Das Problem ist, dass unser Gehirn keine Unterscheidung zwischen „guten" und „schlechten"

Gewohnheiten trifft – es folgt einfach dem etablierten Muster.

Ein weiterer bemerkenswerter Aspekt ist die emotionale Verbindung zu Gewohnheiten. Wir neigen dazu, Gewohnheiten beizubehalten, die uns ein Gefühl von Komfort oder Sicherheit vermitteln, auch wenn sie uns objektiv schaden. Dies erklärt, warum es so schwierig ist, negative Gewohnheiten zu ändern: Sie sind eng mit unseren Emotionen und unserem Selbstbild verbunden. Das Loslassen dieser Gewohnheiten erfordert nicht nur Willenskraft, sondern auch die Bereitschaft, emotionale Bindungen zu hinterfragen.

Der Einfluss von Gewohnheiten geht weit über das individuelle Verhalten hinaus. Sie spielen auch eine entscheidende Rolle in gesellschaftlichen und kulturellen Kontexten. Traditionen, Rituale und soziale Normen sind gewohnheitsmäßige Verhaltensweisen, die von Generation zu Generation weitergegeben werden. Sie schaffen Stabilität und Identität, können aber auch Innovation und Fortschritt blockieren, wenn sie zu rigide sind. Die Herausforderung besteht darin, diese Gewohnheiten bewusst zu reflektieren und ihre Funktionalität in einem sich ständig verändernden Umfeld zu hinterfragen.

Wie können wir die Macht der Gewohnheiten nutzen, anstatt von ihr kontrolliert zu werden? Ein erster Schritt ist das Bewusstsein. Indem wir uns unserer Gewohnheiten bewusst werden und ihre Auslöser, Routinen und Belohnungen analysieren, können wir verstehen, warum wir so handeln, wie wir es tun. Diese Reflexion ist entscheidend, um Veränderungen einzuleiten und neue Gewohnheiten zu etablieren.

Ein weiterer Ansatz ist die sogenannte „Gewohnheitsmodifikation". Hierbei wird eine bestehende Gewohnheit nicht einfach aufgegeben, sondern gezielt verändert, indem die Routine durch eine neue ersetzt wird, während der Auslöser und die Belohnung bestehen bleiben. Dieses Prinzip erleichtert den Übergang zu positiven Gewohnheiten und reduziert den Widerstand des Gehirns.

Auch die Bedeutung von kleinen Schritten darf nicht unterschätzt werden. Veränderungen sind oft schwierig, weil sie große Anstrengungen erfordern. Indem wir Gewohnheiten in kleine, überschaubare Aktionen zerlegen, machen wir den Prozess einfacher und nachhaltiger. Diese Methode, bekannt als „Kaizen", fördert kontinuierliche Verbesserung und hilft uns, langfristige Ziele zu erreichen.

Schließlich ist es wichtig, Geduld zu haben. Gewohnheiten entstehen nicht über Nacht, und ihre Veränderung erfordert Zeit und Ausdauer. Studien zeigen, dass es durchschnittlich 66 Tage dauert, um eine neue Gewohnheit zu etablieren. Dieser Prozess ist zwar herausfordernd, aber er bietet eine wertvolle Gelegenheit, unsere Denkweise und unser Verhalten bewusst zu gestalten.

Die Kraft der Gewohnheit ist eine der mächtigsten und gleichzeitig subtilsten Einflüsse in unserem Leben. Sie bietet Stabilität und Orientierung, kann aber auch zu Einschränkungen und Stagnation führen. Indem wir lernen, mit unseren Gewohnheiten bewusst umzugehen, können wir nicht nur unser eigenes Verhalten verändern, sondern auch unsere Perspektive erweitern und unser Potenzial entfalten.

5.0. WISSENSCHAFT, TECHNOLOGIE UND IHR EINFLUSS AUF UNSER DENKEN

Künstliche Intelligenz und Automatisierung – Wie Maschinen unsere Sichtweise verändern

Die rasante Entwicklung von künstlicher Intelligenz (KI) und Automatisierung hat unser Leben grundlegend verändert. Maschinen und Algorithmen sind mittlerweile so tief in unsere Gesellschaft eingebettet, dass sie nicht nur unseren Alltag erleichtern, sondern auch unsere Denkweisen und Weltanschauungen beeinflussen. Sie werfen fundamentale Fragen auf: Welche Rolle spielen Menschen in einer zunehmend automatisierten Welt? Wie verändern KI und Automatisierung unsere Perspektive auf Arbeit, Ethik und Kreativität?

Künstliche Intelligenz, definiert als die Fähigkeit von Maschinen, Aufgaben auszuführen, die normalerweise menschliche Intelligenz erfordern, ist überall präsent. Sie steckt in den Algorithmen, die unsere Suchergebnisse optimieren, in den Chatbots, die Kundenanfragen beantworten, und in den selbstfahrenden Autos, die sich auf der Straße navigieren. Automatisierung hingegen umfasst die Mechanisierung wiederholbarer Aufgaben, von der Fertigung bis hin zur Datenanalyse. Gemeinsam prägen diese Technologien die Art und Weise, wie wir denken, arbeiten und interagieren.

Ein zentrales Merkmal dieser Veränderungen ist die Effizienzsteigerung. Maschinen sind schneller, genauer und zuverlässiger als Menschen bei vielen Aufgaben. Sie können riesige Datenmengen in Sekunden analysieren, komplexe Muster erkennen und Entscheidungen treffen, die auf statistischen Modellen basieren. Doch diese Effizienz verändert unsere Perspektive auf Arbeit. Sie bringt uns dazu, die menschliche Rolle in Prozessen zu überdenken und neu zu definieren. Wenn Maschinen Aufgaben übernehmen, die früher als essenziell für den Menschen galten, stellt sich die Frage: Wo liegt unser einzigartiger Wert?

Die Automatisierung hat nicht nur Auswirkungen auf den Arbeitsmarkt, sondern auch auf unser Denken über Kreativität und Innovation. KI kann Kunstwerke generieren, Musiktitel komponieren und sogar ganze Bücher schreiben. Diese technologischen Fortschritte zwingen uns, die Grenzen zwischen menschlicher und maschineller Kreativität neu zu ziehen. Wenn Maschinen die Fähigkeit haben, originelle und ansprechende Inhalte zu erstellen, wie definieren wir dann die Essenz der menschlichen Kreativität? Diese Frage führt zu einer grundlegenden Reflexion über das, was uns als Menschen einzigartig macht.

Ein weiterer Aspekt ist die ethische Dimension von KI und Automatisierung. Algorithmen, die Entscheidungen treffen, haben direkten Einfluss auf unser Leben. Sie steuern Kreditanträge, beurteilen Bewerbungen und setzen Richtlinien in der Strafverfolgung um. Doch diese Entscheidungen sind oft undurchsichtig, da sie in komplexen mathematischen Modellen und Datensätzen verankert sind. Dies führt zu Fragen der Verantwortung und Transparenz: Wer trägt die Verantwortung für Fehler, die durch automatisierte Systeme verursacht werden? Wie stellen wir sicher, dass KI gerecht und ethisch handelt?

Die Interaktion zwischen Mensch und Maschine verändert auch unsere Denkweise über Wissen und Autorität. Da Maschinen immer mehr Entscheidungen für uns treffen und Informationen bereitstellen, verlassen wir uns zunehmend auf sie als Experten. Doch diese Abhängigkeit birgt Risiken. Sie kann dazu führen, dass wir unsere eigene Fähigkeit zur kritischen Reflexion und Analyse vernachlässigen. Die Gefahr liegt darin, dass wir Maschinen blind vertrauen, ohne ihre Ergebnisse und Prozesse zu hinterfragen.

Ein besonders faszinierender Effekt von KI ist ihre Rolle bei der Gestaltung von sozialen und kulturellen Normen. Algorithmen beeinflussen, welche Inhalte wir online sehen, welche Produkte wir kaufen und welche Entscheidungen wir treffen. Sie schaffen digitale Räume, in denen wir interagieren, kommunizieren und denken. Diese Räume werden jedoch oft durch die Ziele derjenigen definiert, die die Algorithmen programmieren. Dies wirft die Frage auf: Wie frei sind wir wirklich, wenn unsere Sichtweise durch unsichtbare Systeme gelenkt wird?

Die Macht von KI und Automatisierung liegt nicht nur in ihrer Fähigkeit, Prozesse zu optimieren, sondern auch in ihrer Rolle als Werkzeug für Innovation und Transformation. Sie eröffnet neue Möglichkeiten in Bereichen wie Medizin, Bildung und Umwelttechnik. Doch sie fordert uns auch heraus, neue Werte und Prinzipien zu entwickeln, die in einer Welt der Maschinen relevant sind. Es liegt an uns, diese Technologien bewusst zu nutzen und ihre Auswirkungen kritisch zu reflektieren.

Wie können wir sicherstellen, dass KI und Automatisierung unsere Denkweise positiv beeinflussen? Ein erster Schritt ist die Förderung von Medienkompetenz und technischem Verständnis. Indem wir lernen, wie Algorithmen und Systeme funktionieren, können wir ihre Ergebnisse besser interpretieren und ihre Auswirkungen bewusster steuern. Diese Kompetenz ermöglicht es uns, eine aktive Rolle bei der Gestaltung der Zukunft zu übernehmen, anstatt passive Nutzer zu bleiben.

Ein weiterer Ansatz ist die Förderung der Zusammenarbeit zwischen Mensch und Maschine. Statt Maschinen als Ersatz für menschliche Arbeit zu betrachten, können wir sie als Partner sehen, die unsere Fähigkeiten ergänzen und erweitern. Dies erfordert eine neue Denkweise, die sowohl die Stärke der Technologie als auch die Einzigartigkeit des Menschen wertschätzt.

Schließlich ist es wichtig, die ethischen Implikationen von KI und Automatisierung aktiv zu diskutieren und zu regeln. Dies umfasst die Entwicklung von Richtlinien und Standards, die sicherstellen, dass diese

Technologien gerecht und verantwortungsvoll eingesetzt werden. Es geht darum, eine Balance zwischen Innovation und Ethik zu finden, die sowohl den technologischen Fortschritt als auch die menschliche Würde respektiert.

Die Zukunft der künstlichen Intelligenz und Automatisierung ist voller Herausforderungen, aber auch voller Möglichkeiten. Indem wir lernen, bewusst mit diesen Technologien umzugehen und ihre Auswirkungen zu verstehen, können wir eine Welt gestalten, in der Maschinen unsere Sichtweise bereichern, anstatt sie zu bestimmen. Es liegt an uns, die Grenzen zwischen Mensch und Maschine neu zu definieren und eine Zukunft zu schaffen, die von Zusammenarbeit, Kreativität und Verantwortung geprägt ist.

Fortschritt und Ethik – Wo ziehen wir die Grenzen?

Technologische Fortschritte sind ein unverzichtbarer Bestandteil des menschlichen Fortschritts. Innovationen in Wissenschaft, Medizin, Technologie und Umweltgestaltung haben unsere Lebensqualität erheblich verbessert. Doch diese Fortschritte werfen eine zentrale Frage auf: Wo ziehen wir die Grenzen? Die Balance zwischen Innovation und Ethik ist ein komplexes Spannungsfeld, das nicht nur die Entwicklung von Technologien, sondern auch deren Auswirkungen auf Gesellschaft, Umwelt und Moral betrifft. Dieses Kapitel untersucht die Herausforderungen, die ethische Dimension des Fortschritts zu definieren, und schlägt Wege vor, wie eine verantwortungsvolle Gestaltung der Zukunft gelingen kann.

Fortschritt ist oft mit dem Ziel verbunden, Probleme zu lösen und das menschliche Leben zu verbessern. Impfstoffe, erneuerbare Energien, künstliche Intelligenz und Gentechnik sind nur einige Beispiele für technologische Errungenschaften, die transformative Auswirkungen auf unsere Welt haben. Doch diese Technologien sind nicht neutral. Sie tragen die Werte, Entscheidungen und Interessen ihrer Schöpfer in sich. Die Frage, welche Innovationen entwickelt werden und wie sie eingesetzt werden, ist immer auch eine Frage der Ethik.

Ein zentrales Thema in der Debatte über Fortschritt und Ethik ist die Gentechnik. Fortschritte in der Genomeditierung, insbesondere durch Technologien wie CRISPR, haben die Möglichkeit geschaffen, genetische

Krankheiten zu heilen und Erbgut zu verändern. Dies bietet enorme Chancen, birgt jedoch auch erhebliche Risiken. Kritiker befürchten, dass genetische Eingriffe missbraucht werden könnten, um „Designerbabys" zu schaffen oder soziale Ungleichheiten zu verstärken. Die Frage ist: Wie weit sollten wir gehen, wenn wir in die grundlegenden Bausteine des Lebens eingreifen?

Ein weiteres Beispiel ist die künstliche Intelligenz. KI hat das Potenzial, unsere Arbeitsweise zu revolutionieren, medizinische Diagnosen zu verbessern und globale Herausforderungen wie den Klimawandel zu bekämpfen. Doch KI bringt auch ethische Herausforderungen mit sich. Algorithmen, die Entscheidungen treffen, können Verzerrungen und Vorurteile verstärken, insbesondere wenn sie auf fehlerhaften oder voreingenommenen Daten basieren. Wer trägt die Verantwortung, wenn eine KI-Entscheidung zu Schaden führt? Und wie stellen wir sicher, dass KI-Systeme mit den Werten und Normen unserer Gesellschaft übereinstimmen?

Auch die Umwelttechnik steht im Mittelpunkt der Diskussion um Fortschritt und Ethik. Technologien wie Geoengineering versprechen, den Klimawandel zu bekämpfen, indem sie das Klima auf globaler Ebene beeinflussen. Doch solche Eingriffe in natürliche Systeme sind mit erheblichen Risiken verbunden und werfen Fragen nach den langfristigen Konsequenzen und den ethischen Grundlagen solcher Maßnahmen auf.

Eine der größten Herausforderungen bei der Definition von ethischen Grenzen ist die Vielfalt der Perspektiven.

Was in einer Kultur als moralisch akzeptabel gilt, kann in einer anderen als kontrovers angesehen werden. Dies macht die Schaffung universeller ethischer Standards schwierig, insbesondere in einer globalisierten Welt, in der technologische Entwicklungen oft keine geografischen Grenzen kennen. Dennoch ist es wichtig, eine gemeinsame Grundlage zu finden, um sicherzustellen, dass Fortschritt verantwortungsvoll gestaltet wird.

Ein weiterer wichtiger Aspekt ist die Rolle von Macht und Interessen in der Gestaltung von Technologie. Fortschritt wird oft von wirtschaftlichen und politischen Interessen getrieben, die nicht immer mit den Werten der Gesellschaft übereinstimmen. Unternehmen und Regierungen spielen eine zentrale Rolle bei der Entwicklung und Einführung neuer Technologien, und ihre Entscheidungen haben direkte Auswirkungen auf Millionen von Menschen. Es ist entscheidend, dass die Gesellschaft aktiv in den Diskurs über Fortschritt und Ethik einbezogen wird, um sicherzustellen, dass Innovationen den Bedürfnissen und Werten der Allgemeinheit dienen.

Wie können wir eine Balance zwischen Fortschritt und Ethik finden? Ein erster Schritt ist die Förderung von Transparenz. Entwickler und Entscheidungsträger sollten offenlegen, wie Technologien entwickelt werden, welche Ziele sie verfolgen und welche möglichen Risiken sie mit sich bringen. Diese Transparenz ermöglicht es der Gesellschaft, fundierte Entscheidungen über den Einsatz von Technologie zu treffen.

Ein weiterer Ansatz ist die Einbindung unterschiedlicher Stimmen in den Entwicklungsprozess. Ethikkommissionen, Bürgerdialoge und interdisziplinäre Teams können dazu beitragen, unterschiedliche Perspektiven einzubeziehen und sicherzustellen, dass Technologien im Einklang mit den Werten der Gesellschaft stehen. Dies erfordert jedoch ein hohes Maß an Zusammenarbeit und Kommunikation zwischen Wissenschaft, Politik, Wirtschaft und Zivilgesellschaft.

Auch Bildung spielt eine entscheidende Rolle. Indem wir ethische Fragen in Bildungseinrichtungen thematisieren und das Bewusstsein für die sozialen und moralischen Aspekte des Fortschritts schärfen, können wir eine neue Generation von Entscheidungsträgern hervorbringen, die verantwortungsvoll mit Technologie umgehen. Bildung fördert auch die Fähigkeit der Gesellschaft, kritisch zu denken und den Fortschritt zu hinterfragen.

Schließlich ist es wichtig, ein Gleichgewicht zwischen Regulierung und Innovation zu finden. Während strenge Vorschriften notwendig sind, um Missbrauch und schädliche Auswirkungen zu verhindern, dürfen sie den Fortschritt nicht vollständig behindern. Flexibilität und Anpassungsfähigkeit sind entscheidend, um Technologien verantwortungsvoll zu nutzen und gleichzeitig Raum für Kreativität und Innovation zu lassen.

Die Frage, wo wir die Grenzen des Fortschritts ziehen, ist nicht einfach zu beantworten. Sie erfordert einen kontinuierlichen Dialog, der die Komplexität der ethischen, sozialen und ökologischen Herausforderungen anerkennt. Indem wir uns aktiv mit diesen Fragen auseinandersetzen, können wir nicht nur die Risiken minimieren, sondern auch die Chancen maximieren, die der Fortschritt bietet.

Fortschritt und Ethik sind keine Gegensätze, sondern zwei Seiten derselben Medaille. Sie stehen in einem dynamischen Wechselspiel, das unsere Welt prägt und gestaltet. Indem wir die ethischen Grundlagen des Fortschritts bewusst gestalten, können wir eine Zukunft schaffen, die nicht nur technologisch fortschrittlich, sondern auch gerecht, nachhaltig und menschlich ist.

Das Internet als Denkraum – Chancen und Risiken der digitalen Vernetzung

Das Internet ist heute weit mehr als nur ein Werkzeug zur Kommunikation. Es ist zu einem globalen Denkraum geworden, der unsere Art zu lernen, zu arbeiten und zu interagieren revolutioniert hat. Doch wie bei allen großen Errungenschaften bringt dieser Wandel sowohl Chancen als auch Risiken mit sich. Während die digitale Vernetzung unzählige Türen öffnet, müssen wir uns fragen, wie sie unsere Denkweise beeinflusst – und ob wir wirklich noch die Kontrolle darüber haben, was wir denken und glauben.

Eine der größten Chancen des Internets ist der Zugang zu Informationen. Noch nie in der Geschichte der Menschheit hatten so viele Menschen die Möglichkeit, auf so viel Wissen zuzugreifen. Egal ob wissenschaftliche Artikel, Tutorials oder Diskussionen – das Internet hat Wissen demokratisiert und ermöglicht es uns, über traditionelle Grenzen hinweg zu lernen. Jeder kann heute eine neue Sprache, eine neue Fertigkeit oder die Antworten auf komplexe Fragen finden, oft nur wenige Klicks entfernt.

Doch mit dieser Informationsflut kommen neue Herausforderungen. Das Internet bietet nicht nur vertrauenswürdige Quellen, sondern auch Desinformation. Oft ist es schwer, zwischen Fakten und Meinung, Wahrheit und Halbwahrheit zu unterscheiden. Viele Menschen verlassen sich auf leicht zugängliche Informationen, ohne deren Quellen kritisch zu hinterfragen. Dadurch kann das Internet nicht nur unser Wissen erweitern, sondern auch verzerren – abhängig davon, welchen Stimmen wir Glauben schenken.

Ein weiterer Aspekt, der das Internet als Denkraum auszeichnet, ist seine interaktive Natur. Noch nie war es so einfach, Gedanken und Ideen mit anderen Menschen zu teilen. Diskussionen, die einst am Küchentisch stattfanden, werden heute in globalen Foren und sozialen Netzwerken ausgetragen. Diese Vielfalt an Meinungen kann bereichernd sein – doch sie birgt auch Konfliktpotenzial. Algorithmen bevorzugen oft die lautesten oder polarisierendsten Stimmen, was dazu führen kann, dass bestimmte Meinungen dominieren und andere untergehen.

Die digitale Vernetzung hat auch unsere Art zu kommunizieren verändert. Während das Internet Verbindungen schafft, die zuvor unmöglich erschienen, ersetzt es oft tiefere, persönliche Interaktionen. Gespräche werden durch Chats ersetzt, Gefühle durch Emojis ausgedrückt. Dieses Phänomen hat Auswirkungen auf unser soziales Miteinander und die Art, wie wir Beziehungen wahrnehmen. Die Frage ist: Fördert das Internet eine tiefere Verbindung zwischen den Menschen – oder isoliert es uns letztendlich voneinander?

Eine der subtilsten, aber einflussreichsten Veränderungen, die das Internet mit sich bringt, ist die Art, wie wir Informationen aufnehmen. Früher war Wissen oft eine sorgfältige Suche – sei es in einer Bibliothek oder durch das Gespräch mit Experten. Heute liefert uns das

Internet Antworten in Sekundenbruchteilen. Diese Bequemlichkeit ist verführerisch, doch sie kann unser kritisches Denken schwächen. Indem wir uns auf schnelle Informationen verlassen, riskieren wir, die Fähigkeit zu verlieren, Inhalte zu hinterfragen und selbstständig zu analysieren.

Doch das Internet ist nicht nur ein Raum für Wissen und Diskussion – es ist auch ein Ort der Kreativität. Künstler, Schriftsteller und Musiker können ihre Werke mit einem globalen Publikum teilen, ohne auf traditionelle Institutionen angewiesen zu sein. Plattformen wie YouTube, Instagram und TikTok ermöglichen es kreativen Köpfen, ihre Ideen umzusetzen und dabei neue Formen der Kunst und des Geschichtenerzählens zu entwickeln. Doch auch hier gibt es Schattenseiten: Der Druck, immer neue Inhalte zu produzieren und die ständige Sichtbarkeit können auf Dauer belastend sein.

Wie können wir das Internet als Denkraum bewusster nutzen? Der Schlüssel liegt im kritischen Umgang mit Informationen. Anstatt jede Quelle unreflektiert zu akzeptieren, sollten wir lernen, Fragen zu stellen: Wer hat diese Informationen erstellt, und aus welchem Grund? Welche Perspektiven werden dargestellt – und welche fehlen? Dieses Bewusstsein hilft uns, unsere eigene Denkweise zu schärfen und Manipulationen zu widerstehen.

Auch die Balance zwischen Online- und Offline-Welt ist entscheidend. Das Internet bietet viele Möglichkeiten, doch es sollte nicht der einzige Ort sein, an dem wir denken, kommunizieren und leben. Indem wir bewusst Zeit offline verbringen und persönliche Gespräche suchen, können wir eine gesunde Beziehung zur digitalen Welt entwickeln.

Letztlich ist das Internet ein mächtiges Werkzeug, das sowohl Chancen als auch Risiken bietet. Es liegt an uns, es als Denkraum zu nutzen, der nicht nur unser Wissen erweitert, sondern auch unsere Perspektiven bereichert. Doch dazu müssen wir lernen, diesen Raum bewusst zu gestalten – im Einklang mit unseren Werten und Zielen.

Wissenschaft vs. Glauben – Wissenschaft und Glauben – zwei Begriffe, die auf den ersten

Blick wie Gegensätze erscheinen, doch in Wahrheit vielschichtiger miteinander verwoben sind. Wissenschaft sucht nach Erklärungen, nach Fakten, nach objektiver Wahrheit. Sie stellt Theorien auf, widerlegt sie, entwickelt sie weiter, und baut dabei ein Verständnis der Welt auf, das sich durch Beweise und Experimente immer wieder selbst prüft. Glauben hingegen ist persönlich, emotional, und oft fest verankert in kulturellen Traditionen und spirituellen Werten. Er gibt Antworten, wo die Wissenschaft nicht weiterkommt, spricht von Sinn, von Hoffnung, und bietet Halt in einer Welt, die manchmal unerklärlich erscheint.

Doch warum stoßen diese beiden Systeme häufig aufeinander? Die Wissenschaft präsentiert objektive Fakten, doch diese Fakten reichen oft nicht aus, um Menschen zu überzeugen. Die Gründe dafür sind tief in der menschlichen Natur verwurzelt. Glaubensüberzeugungen sind nicht nur Informationen; sie sind Identität. Sie formen, wie wir die Welt sehen, und sie geben uns eine innere Ordnung, die nicht leicht aufgegeben wird. Wenn wissenschaftliche Erkenntnisse diese Ordnung infrage stellen, reagieren wir oft nicht mit Offenheit, sondern mit Ablehnung. Das ist kein Zeichen von Unverständnis oder Ignoranz, sondern eine natürliche Abwehrreaktion, die unsere emotionalen und sozialen Bindungen schützt.

Gleichzeitig haben auch wissenschaftliche Systeme ihre Herausforderungen. Die Sprache der Wissenschaft ist oft komplex und abstrakt, und ihre Ergebnisse erfordern Vertrauen – Vertrauen in die Menschen, die sie erschaffen haben, in die Methoden, die sie verwenden, und in die Institutionen, die sie fördern. Dieses Vertrauen ist nicht selbstverständlich. In einer Welt, die von Desinformation und Misstrauen geprägt ist, fällt es vielen schwer, wissenschaftliche Fakten anzunehmen, selbst wenn sie klar und nachvollziehbar präsentiert werden.

Die Spannung zwischen Wissenschaft und Glauben zeigt sich besonders stark in Situationen, in denen objektive Fakten auf subjektive Wahrheiten treffen. Ein Beispiel ist der Klimawandel. Wissenschaftliche Daten zeigen eindeutig, dass sich die Erde erwärmt, dass menschliche Aktivitäten daran beteiligt sind, und dass dringende Maßnahmen notwendig sind, um die Auswirkungen zu begrenzen. Doch diese Fakten stoßen häufig auf Widerstand – nicht, weil sie falsch sind, sondern weil sie mit politischen Überzeugungen, wirtschaftlichen Interessen oder kulturellen Werten kollidieren. Der Klimawandel ist nicht nur ein wissenschaftliches Problem; er ist auch ein emotionales und gesellschaftliches Dilemma, das unser Verständnis von Verantwortung und Gerechtigkeit herausfordert.

Ähnlich ist es in der Medizin, etwa bei Impfstoffen. Die Wissenschaft liefert klare Beweise für deren Wirksamkeit und Sicherheit, doch viele Menschen zögern oder lehnen sie ab. Oft liegt der Grund nicht in der Wissenschaft selbst, sondern in den Ängsten und Vorurteilen, die durch persönliche Erfahrungen oder kulturelle Erzählungen verstärkt werden. Hier zeigt sich, wie wichtig es ist, den Dialog zwischen Wissenschaft und Glauben zu fördern – nicht als Gegensatz, sondern als Ergänzung.

Wissenschaft und Glauben sind keine Feinde. Sie sind zwei Wege, um die Welt zu verstehen, und sie haben beide ihre Stärken und Schwächen. Wissenschaft liefert Werkzeuge, um Probleme zu lösen und Fortschritt zu ermöglichen, während Glauben uns hilft, Sinn und Bedeutung in einer komplexen und oft chaotischen Welt zu finden. Der Schlüssel liegt darin, diese beiden Perspektiven miteinander zu verbinden, statt sie gegeneinander auszuspielen.

Wenn Wissenschaft und Glauben miteinander sprechen, anstatt gegeneinander zu kämpfen, entsteht Raum für Verständnis und Zusammenarbeit. Wissenschaft kann durch Glauben inspiriert werden, etwa in der Suche nach Antworten auf Fragen, die über das Greifbare hinausgehen. Glauben wiederum kann durch die Wissenschaft bereichert werden, indem er sich öffnet für neue Erkenntnisse und Möglichkeiten, die das Wissen erweitert und stärkt.

Dieser Dialog ist keine einfache Aufgabe. Er erfordert Geduld, Offenheit und Respekt – für die Rationalität der Wissenschaft ebenso wie für die Emotionalität des Glaubens. Doch er lohnt sich, denn in dieser

Verbindung liegt die Chance, die besten Aspekte beider Systeme zu nutzen und eine Gesellschaft zu schaffen, die nicht nur klüger, sondern auch mitfühlender ist.

Die Zukunft des Denkens – Werden wir anders denken als vorherige Generationen?

Die Zukunft des Denkens – ein Konzept, das eine beinahe magnetische Anziehungskraft hat. Unsere Fähigkeit zu denken, zu reflektieren und Entscheidungen zu treffen, hat uns an den Punkt gebracht, an dem wir heute stehen. Doch in einer Welt, die sich rasant verändert, in der technologische Fortschritte die Art und Weise, wie wir leben, arbeiten und interagieren, ständig neu definieren, ist die Frage nach der Zukunft des Denkens nicht nur spannend, sondern auch von zentraler Bedeutung. Wie wird sich das menschliche Denken weiterentwickeln, wenn sich unsere Umgebung so schnell wandelt? Welche neuen Möglichkeiten und Herausforderungen werden entstehen, und welche Verantwortung tragen wir dabei?

Unsere Denkweise ist das Produkt einer langen Evolution. Sie wurde geprägt von der Notwendigkeit, in einer oft unberechenbaren Welt zu überleben. Doch der Fortschritt der letzten Jahrhunderte – von der Industrialisierung bis hin zur Digitalisierung – hat das Denken aus diesem ursprünglichen Kontext herausgehoben und neue Dimensionen geschaffen. Denken ist heute nicht mehr nur ein Überlebenswerkzeug, sondern eine zentrale Ressource, um Innovationen zu schaffen, komplexe Probleme zu lösen und visionäre Ideen zu entwickeln.

Mit dem Internet ist eine neue Ära des Denkens angebrochen. Noch nie zuvor war es so einfach, auf Informationen zuzugreifen, sich mit anderen auszutauschen und neue Perspektiven zu gewinnen. Diese digitale Vernetzung hat eine Art kollektives Gedächtnis geschaffen, das uns befähigt, über individuelle Grenzen hinauszudenken. Ideen entstehen nicht mehr im stillen Kämmerlein, sondern in einem globalen Dialog, der durch Plattformen und digitale Werkzeuge ermöglicht wird. Doch diese neue Form des Denkens bringt auch Herausforderungen mit sich. Die Flut an Informationen erfordert nicht nur die Fähigkeit, Wissen zu finden, sondern auch die Kompetenz, es zu bewerten und kritisch einzuordnen.

Die Informationsüberflutung stellt eines der zentralen Dilemmata der Zukunft des Denkens dar. Was passiert, wenn wir nicht mehr in der Lage sind, zwischen relevanten und irrelevanten Informationen zu unterscheiden? Wenn Algorithmen unsere Entscheidungsprozesse subtil beeinflussen, indem sie steuern, welche Inhalte wir sehen und welche nicht? Kritisches Denken wird in der Zukunft nicht nur eine Fähigkeit, sondern eine Überlebensstrategie sein. Es wird darum gehen, Unabhängigkeit zu bewahren und die Kontrolle über den eigenen Denkprozess zurückzugewinnen.

Doch das ist nur die eine Seite der Medaille. Die andere Seite zeigt uns, dass die Technologie uns auch enorm bereichern kann. Denken in der Zukunft wird nicht nur von Maschinen beeinflusst werden, sondern auch durch sie ergänzt. Künstliche Intelligenz ist ein Werkzeug, das unser Denken erweitert, indem es uns Zugang zu Analysen, Vorhersagen und neuen Perspektiven bietet, die jenseits unserer eigenen kognitiven Kapazitäten liegen. Doch diese Zusammenarbeit zwischen Mensch und Maschine wirft auch Fragen auf: Wie sehr werden wir uns auf diese Technologien verlassen? Werden wir durch sie befähigt oder abhängig? Und wie können wir sicherstellen, dass unser Denken nicht von fremdgesteuerten Interessen dominiert wird?

Eine weitere große Herausforderung, der sich die Denkweise der Zukunft stellen muss, ist die Komplexität. Die Welt wird nicht einfacher, sondern immer vernetzter. Umweltkrisen, soziale Ungleichheit, technologische Transformationen – all diese Themen sind miteinander verbunden und erfordern eine neue Art des Denkens, die systemisch ist. Systemisches Denken bedeutet, über Einzelfragen hinauszugehen und Zusammenhänge zu erkennen. Es erfordert die Fähigkeit, aus unterschiedlichen Perspektiven zu schauen und widersprüchliche Informationen miteinander in Einklang zu bringen. Diese Form des Denkens wird nicht nur in der Wissenschaft oder Politik gebraucht, sondern auch im Alltag, um den Herausforderungen des Lebens mit Offenheit und Flexibilität zu begegnen.

Ein weiterer wichtiger Aspekt der Zukunft des Denkens wird die Balance zwischen Individualität und Kollektiv sein. Die moderne Welt legt großen Wert auf individuelle Freiheit und Selbstverwirklichung. Doch in einer global vernetzten Gesellschaft zeigt sich immer deutlicher, dass viele Probleme nur durch gemeinsames Handeln gelöst werden können. Denken wird in Zukunft nicht nur ein individueller Prozess sein, sondern ein kollektiver. Wir werden lernen müssen, unsere Perspektiven mit anderen zu teilen, Kompromisse zu finden und gemeinsam Verantwortung zu übernehmen. Dabei wird es darauf ankommen, eine Balance zu finden, die sowohl die Bedürfnisse des Einzelnen als auch die der Gemeinschaft respektiert.

Auch die emotionale Dimension des Denkens wird in der Zukunft eine größere Rolle spielen. Bisher galt Rationalität oft als die höchste Form des Denkens, während Emotionen als Störfaktor betrachtet wurden. Doch die moderne Neurowissenschaft zeigt uns, dass Emotionen ein integraler Bestandteil des Denkens sind. Sie beeinflussen, welche Entscheidungen wir treffen, wie wir Informationen bewerten und welche Prioritäten wir setzen. Die Zukunft des Denkens wird nicht in der Trennung von Vernunft und Gefühl liegen, sondern in ihrer Integration. Emotionale Intelligenz wird ebenso wichtig sein wie logisches Denken, um die Komplexität der Welt zu meistern.

Die ethische Dimension des Denkens darf ebenfalls nicht außer Acht gelassen werden. Technologische Fortschritte wie künstliche Intelligenz oder Genomeditierung werfen Fragen auf, die nicht allein durch wissenschaftliche Erkenntnisse beantwortet werden können. Sie erfordern eine tiefgreifende Reflexion darüber, welche Werte und Prinzipien unser Handeln leiten sollen. Denken in der Zukunft wird nicht nur eine Frage der Effizienz sein, sondern auch der Moral. Es wird darum gehen, Entscheidungen zu treffen, die nicht nur klug, sondern auch gerecht und nachhaltig sind.

Schließlich stellt sich die Frage, welche Verantwortung wir in der Gestaltung der Zukunft des Denkens tragen. Wird das Denken der Zukunft durch äußere Einflüsse bestimmt, oder behalten wir die Kontrolle darüber, wie und was wir denken? Die Fähigkeit zur Reflexion wird entscheidend sein, um die eigene Denkweise immer wieder zu hinterfragen und bewusst zu gestalten. Es wird darauf ankommen, eine Haltung zu entwickeln, die sowohl offen für Neues als auch kritisch gegenüber Manipulationen ist. Denn letztlich ist die Zukunft des Denkens nicht vorgegeben – sie wird durch die Entscheidungen geformt, die wir heute treffen.

Die Zukunft des Denkens ist also kein statisches Ziel, sondern ein dynamischer Prozess. Sie wird geprägt von der Interaktion zwischen Mensch und Technologie, von der Balance zwischen Individualität und Kollektiv, von der Integration von Rationalität und Emotion. Doch bei all diesen Veränderungen bleibt eines konstant: Die Fähigkeit zu denken ist und bleibt die größte Stärke des Menschen. Indem wir diese Fähigkeit bewusst einsetzen, können wir nicht nur die Herausforderungen der Zukunft bewältigen, sondern auch eine Welt schaffen, die klüger, gerechter und lebenswerter ist.

6.0. PERSÖNLICHE IDENTITÄT UND SELBST-WAHRNEHMUNG

Selbstbild und Fremdbild – Warum wir uns anders sehen als andere

Das menschliche Selbstbild ist ein faszinierendes, dynamisches Konstrukt. Es entsteht durch Erinnerungen, Überzeugungen, Gefühle und das Zusammenspiel mit der Umwelt. Wir tragen ein Bild in uns, das wir für unser wahres Selbst halten – ein Bild, das von der Summe unserer Erfahrungen, Ängste, Hoffnungen und Erfolge geformt wird. Doch dieses innere Bild, so vertraut es uns auch erscheinen mag, bleibt selten mit der Wahrnehmung anderer deckungsgleich. Was andere in uns sehen – unser Fremdbild – ist häufig ein Spiegel, der eine gänzlich andere Realität zeigt. Es entsteht durch äußere Beobachtungen, Momentaufnahmen und soziale Kontexte, die von individuellen und kulturellen Vorurteilen geprägt sind. Die Differenz zwischen Selbstbild und Fremdbild ist mehr als nur eine Frage der Perspektive – sie ist eine Einladung, uns und unsere Beziehungen zu reflektieren.

Das Selbstbild ist eine intime, oft idealisierte Konstruktion. Menschen neigen dazu, ihre Stärken zu betonen oder ihre Schwächen zu ignorieren, um ein kohärentes inneres Narrativ aufrechtzuerhalten. Diese Geschichten, die wir uns über uns selbst erzählen, geben uns ein

Gefühl der Identität und des Selbstwerts. Gleichzeitig ist das Fremdbild weniger flexibel. Es ist das Ergebnis von Bewertungen durch andere, geformt durch äußere Eindrücke wie Verhalten, Sprache oder Körpersprache. Während unser Selbstbild durch unsere inneren Dialoge bestimmt wird, können wir das Fremdbild nur indirekt beeinflussen. Diese Kluft führt oft zu Verwirrung: Warum sehen andere in uns Eigenschaften, die wir nicht wahrnehmen, oder übersehen sie jene, die wir als zentral erachten?

Die Diskrepanz zwischen Selbstbild und Fremdbild resultiert aus der grundlegenden Subjektivität der Wahrnehmung. Während wir unsere inneren Gedanken und Gefühle mit absoluter Klarheit erleben, sehen andere nur die Auswirkungen – unsere Handlungen. Diese Außenperspektive ist unausweichlich unvollständig, da sie keine Einblicke in die Komplexität unseres Inneren bietet. Ein schüchterner Mensch könnte von anderen als distanziert wahrgenommen werden, ein nachdenklicher Mensch als unentschlossen. Diese Missinterpretationen entstehen nicht aus Böswilligkeit, sondern aus der menschlichen Tendenz, andere auf Basis sichtbarer Merkmale zu beurteilen. Niemand trägt schließlich ein Schild mit seinen inneren Motiven und Konflikten um den Hals.

Auch soziale und kulturelle Faktoren beeinflussen die Dynamik zwischen Selbst- und Fremdbild. Unsere Gesellschaft hat klare Vorstellungen davon, wie bestimmte Verhaltensweisen interpretiert werden. In westlichen Kulturen wird etwa Durchsetzungsfähigkeit häufig mit Selbstbewusstsein gleichgesetzt, während in anderen Kulturen dieselbe Eigenschaft als unangemessen oder gar aggressiv empfunden werden könnte. Diese divergierenden sozialen Codes sind ein weiteres Hindernis für eine Übereinstimmung von Selbstbild und Fremdbild. Zusätzlich sind wir selbst nicht frei von gesellschaftlichen Erwartungen: Oft formen wir unser Selbstbild, um den Erwartungen anderer zu entsprechen – sei es bewusst oder unbewusst.

Besonders deutlich wird der Konflikt zwischen Selbst- und Fremdbild in zwischenmenschlichen Beziehungen. Jede Beziehung ist ein Dialog zwischen zwei Perspektiven, die nicht identisch sind. Ein Partner könnte beispielsweise glauben, besonders fürsorglich und unterstützend zu sein, während der andere dies als übergriffig oder kontrollierend empfindet. Die Wahrnehmung ist stets subjektiv, und diese Subjektivität ist oft die Quelle von Missverständnissen. Doch ebenso ist sie eine Gelegenheit für Wachstum: Indem wir die Perspektiven anderer reflektieren, gewinnen wir Einsichten in unser eigenes Verhalten und unsere Wirkung.

Die digitale Welt hat diese Dynamik nochmals intensiviert. Online-Plattformen bieten die Möglichkeit, unser Selbstbild zu gestalten und zu präsentieren – doch oft ist dieses Bild idealisiert und entfernt sich damit weiter von der Realität. Andere nehmen uns durch die Filter unserer Beiträge wahr, die nur einen Bruchteil unseres Lebens und unserer Persönlichkeit zeigen. Gleichzeitig vergleichen wir unser Selbstbild mit den idealisierten Bildern anderer und hinterfragen dabei unsere eigene Identität. So verstärken soziale Medien nicht nur die Diskrepanz zwischen Selbst- und Fremdbild, sondern schaffen auch Unsicherheiten, die unser Selbstwertgefühl beeinträchtigen können.

Die Reflexion dieser Spannungen kann jedoch auch ein Katalysator für persönliche Entwicklung sein. Die Fähigkeit, Feedback anzunehmen, ist entscheidend. Rückmeldungen von anderen können uns auf blinde Flecken aufmerksam machen – Schwächen, die wir verdrängt haben, oder Stärken, die wir unterschätzt haben. Doch Feedback anzunehmen erfordert Mut. Es verlangt, dass wir unser Selbstbild infrage stellen und uns mit den Perspektiven anderer konfrontieren, auch wenn diese nicht immer angenehm sind. Diese Konfrontation ist oft der erste Schritt zu einem umfassenderen, ausgewogeneren Selbstbild.

Die Arbeit an einem balancierten Selbstbild ist keine einfache Aufgabe. Es erfordert Offenheit, Neugier und die Bereitschaft, sich selbst und anderen zuzuhören. Ein balanciertes Selbstbild bedeutet nicht, dass wir unser Fremdbild bedingungslos übernehmen sollten. Stattdessen geht es darum, beide Perspektiven miteinander zu verbinden und daraus eine realistische und flexible Identität zu formen. Selbstreflexion, Gespräche und das Bewusstsein für soziale Dynamiken können uns dabei helfen, diese Balance zu finden.

Die Beziehung zwischen Selbstbild und Fremdbild ist ein zentraler Bestandteil der menschlichen Erfahrung. Sie zeigt, dass Identität kein starres Konzept ist, sondern ein fließender Prozess, der sowohl von innen als auch von außen geformt wird. Diese Erkenntnis lädt uns ein, sowohl unsere eigene Perspektive als auch die Perspektiven anderer wertzuschätzen – nicht als Widersprüche, sondern als ergänzende Facetten dessen, wer wir sind.

Indem wir die Dynamik zwischen Selbstbild und Fremdbild verstehen und akzeptieren, können wir nicht nur unser eigenes Leben bereichern, sondern auch tiefere Verbindungen zu anderen schaffen. Es ist ein Prozess, der Geduld und Selbstreflexion erfordert, aber letztlich zu einem stärkeren, authentischeren Selbst führt. Denn am Ende ist Identität nicht das, was uns von anderen trennt, sondern das, was uns mit ihnen verbindet.

Identitätskrisen – Wie wir uns verändern und neu definieren

Die menschliche Identität ist ein faszinierendes Konstrukt. Sie wird geformt durch unsere Erfahrungen, Erinnerungen, sozialen Interaktionen und die Rollen, die wir in der Gesellschaft übernehmen. Doch manchmal stehen wir an einem Punkt, an dem dieses Bild ins Wanken gerät. Identitätskrisen treten auf, wenn äußere Umstände oder innere Konflikte unser bisheriges Selbstverständnis infrage stellen und uns dazu zwingen, uns neu zu definieren. Solche Momente des Zweifelns, der Unsicherheit und der Selbstreflexion können erschreckend sein, sind jedoch auch eine unvergleichliche Chance für Wachstum und Veränderung.

In der heutigen Welt, die von ständiger Veränderung und globaler Vernetzung geprägt ist, sind Identitätskrisen fast unvermeidlich. Der Übergang in neue Lebensphasen, der Verlust vertrauter Strukturen oder persönliche Herausforderungen können unser inneres Gleichgewicht stören. Beispielsweise kann ein Umzug in ein fremdes Land eine Identitätskrise auslösen, da wir mit neuen kulturellen Normen, sozialen Erwartungen und möglicherweise einem Gefühl der Isolation konfrontiert werden. Was uns zuvor definiert hat, verliert in einem neuen Kontext oft seine Bedeutung, und wir müssen herausfinden, wer wir sind und welche Werte uns in dieser neuen Umgebung leiten.

Doch es sind nicht nur äußere Faktoren, die Identitätskrisen hervorrufen können. Innere Konflikte, wie der

Wunsch nach persönlichem Wachstum oder der Versuch, alte Gewohnheiten abzulegen, spielen eine ebenso zentrale Rolle. Manchmal erkennen wir, dass unser bisheriges Selbstbild nicht mehr mit unseren aktuellen Zielen oder Wertvorstellungen übereinstimmt. Diese Erkenntnis kann eine tiefe Krise auslösen, da sie uns dazu zwingt, uns von vergangenen Überzeugungen zu lösen und eine neue Version unseres Selbst zu schaffen.

Eine Identitätskrise ist nicht einfach eine Phase der Unsicherheit – sie ist ein tiefgreifender innerer Prozess, der uns zwingt, uns mit zentralen Fragen unserer Existenz auseinanderzusetzen. Wer bin ich wirklich? Was macht mich aus? Welche Rolle spiele ich in der Welt? Diese Fragen können unangenehm sein, da sie oft mit dem Gefühl verbunden sind, den Boden unter den Füßen verloren zu haben. Doch sie bieten auch die Möglichkeit, neue Wege zu entdecken und unser Leben bewusster zu gestalten.

Eine wichtige Dimension von Identitätskrisen ist die Rolle der sozialen Umgebung. Unsere Identität wird nicht nur von unseren inneren Überzeugungen geformt, sondern auch von den Menschen, mit denen wir interagieren. Beziehungen zu Freunden, Familie und Kollegen prägen, wie wir uns selbst sehen, und geben uns einen Rahmen, in dem wir unsere Identität entwickeln. Wenn sich diese sozialen Kreise verändern – etwa durch einen Umzug, eine Trennung oder neue Freundschaften – geraten wir oft in eine Phase der

Unsicherheit, da uns die gewohnten Spiegelungen und Bestätigungen fehlen.

In unserer modernen Welt verstärkt die Digitalisierung diesen Prozess. Soziale Medien bieten uns die Möglichkeit, unsere Identität aktiv zu gestalten, doch sie stellen uns auch vor neue Herausforderungen. Die ständige Konfrontation mit idealisierten Bildern und scheinbar perfekten Lebensentwürfen kann unser Selbstbild ins Wanken bringen und eine Identitätskrise auslösen. Wir beginnen, uns zu fragen, ob wir den Erwartungen gerecht werden, und hinterfragen unsere eigenen Werte und Prioritäten. Gleichzeitig bieten digitale Plattformen die Chance, neue Facetten unserer Persönlichkeit zu entdecken und mit Menschen in Kontakt zu treten, die uns auf unserem Weg inspirieren.

Eine Identitätskrise ist jedoch nicht nur eine Herausforderung, sondern auch eine einmalige Gelegenheit zur Veränderung. Sie zwingt uns, innezuhalten und uns mit unseren Werten, Zielen und Überzeugungen auseinanderzusetzen. Indem wir uns fragen, was uns wirklich wichtig ist und welche Aspekte unserer Identität wir beibehalten oder loslassen möchten, können wir uns von alten Mustern befreien und neue Wege einschlagen. Es ist ein Prozess des Loslassens und des Neubeginns, der uns zu einem tieferen Verständnis von uns selbst führt.

Der Umgang mit einer Identitätskrise erfordert Mut, Offenheit und die Fähigkeit zur Selbstreflexion. Es kann hilfreich sein, sich Unterstützung zu suchen – sei es durch Gespräche mit Freunden, durch professionelle Beratung oder durch persönliche Reflexionsmethoden wie Tagebuchschreiben oder Meditation. Wichtig ist, dass wir uns Zeit nehmen, um unsere Gefühle und Gedanken zu ordnen, und uns erlauben, uns selbst zu hinterfragen.

Achtsamkeit und Selbstfürsorge spielen ebenfalls eine zentrale Rolle, um die emotionale Belastung einer Identitätskrise zu bewältigen. Indem wir bewusst auf unsere Bedürfnisse achten und uns Pausen gönnen, können wir den Druck und die Unsicherheit, die mit einer Krise verbunden sind, besser bewältigen. Dies ermöglicht es uns, klarer zu denken und Entscheidungen zu treffen, die mit unseren inneren Werten und Zielen übereinstimmen.

Es ist wichtig zu erkennen, dass Identitätskrisen kein Zeichen von Schwäche sind, sondern ein natürlicher Teil des menschlichen Lebens. Sie sind eine Gelegenheit, innezuhalten und uns bewusst mit unserer Identität auseinanderzusetzen. Jede Krise ist eine Chance, unsere Überzeugungen zu überdenken und uns auf das zu konzentrieren, was wirklich zählt. Anstatt uns gegen diese Veränderungen zu wehren, sollten wir sie als Chance sehen, uns selbst besser zu verstehen und eine authentischere Version von uns selbst zu schaffen.

Am Ende zeigt sich, dass Identitätskrisen nicht das Ende unserer Reise sind, sondern der Beginn einer neuen Phase. Sie erinnern uns daran, dass wir nicht durch unsere Vergangenheit definiert werden, sondern durch die Entscheidungen, die wir in der Gegenwart treffen. Indem wir uns diesen Herausforderungen stellen, können wir nicht nur unsere eigene Identität stärken, sondern auch eine tiefere Verbindung zu uns selbst und zu anderen schaffen. In der Unsicherheit, die mit einer Identitätskrise einhergeht, liegt die Möglichkeit, uns selbst zu finden – nicht in einer starren, unveränderlichen Form, sondern als ein Mensch, der wächst, lernt und sich entwickelt.

Die Macht der Erinnerungen – Warum unsere Vergangenheit unser Denken prägt

Erinnerungen sind der unsichtbare Faden, der unsere Vergangenheit mit der Gegenwart verknüpft. Sie prägen nicht nur unsere Identität, sondern auch die Art und Weise, wie wir die Welt sehen, Entscheidungen treffen und Beziehungen führen. Jede Erinnerung, sei sie positiv oder negativ, spielt eine Rolle in unserem Denkprozess. Doch oft unterschätzen wir, wie sehr diese vergangenen Erlebnisse unser heutiges Denken und Handeln beeinflussen. Erinnerungen wirken dabei nicht nur als passive Archive, sondern als aktive Kräfte, die unsere Perspektiven, Emotionen und Überzeugungen formen.

Erinnerungen entstehen in der Interaktion zwischen Wahrnehmung und Gehirnaktivität. Sie sind keine unveränderlichen Abbilder der Realität, sondern dynamische Konstrukte, die mit jeder Abrufung verändert werden. Dieser Prozess, bekannt als Rekonsolidierung, bedeutet, dass unsere Erinnerungen sich im Laufe der Zeit verändern können. So wird eine Erinnerung an einen freudigen Kindheitsmoment vielleicht idealisiert, während eine unangenehme Erfahrung mit der Zeit intensiver oder bedeutungsschwerer werden kann. Unsere Gefühle, aktuellen Lebensumstände und unsere Sichtweise auf uns selbst spielen dabei eine wesentliche Rolle.

Unsere Erinnerungen haben die Macht, unser Denken zu leiten, indem sie uns mit Erfahrungen aus der

Vergangenheit Orientierung bieten. Wenn wir uns an Momente erinnern, in denen wir erfolgreich waren, bestärkt uns dies in unserem Handeln und unserem Selbstvertrauen. Gleichzeitig können Erinnerungen an Versagen oder traumatische Erlebnisse unser Verhalten limitieren und uns ängstlich oder zögerlich machen. So sehr wir uns manchmal von der Vergangenheit lösen möchten, bleibt sie doch ein Teil von uns – oft mehr, als uns bewusst ist.

Ein zentraler Aspekt der Macht der Erinnerungen ist ihre emotionale Qualität. Besonders stark emotionale Ereignisse hinterlassen oft dauerhafte Spuren in unserem Gedächtnis. Ein erster Erfolg, eine große Liebe oder ein tiefgreifender Verlust – diese Erlebnisse wirken als Ankerpunkte, die uns immer wieder in die Vergangenheit zurückholen. Sie beeinflussen nicht nur unser Selbstbild, sondern auch, wie wir die Gegenwart bewerten. Wenn wir beispielsweise als Kinder oft gelobt wurden, neigen wir dazu, auch in schwierigen Situationen optimistisch zu bleiben. Umgekehrt kann eine Kindheit, die von Kritik oder Zurückweisung geprägt war, dazu führen, dass wir uns selbst und unsere Fähigkeiten infrage stellen.

Neben persönlichen Erfahrungen spielen auch kollektive Erinnerungen eine bedeutende Rolle. Familiengeschichten, kulturelle Erzählungen und historische Ereignisse prägen unsere Denkweise auf einer tieferen Ebene. Sie geben uns ein Gefühl von Zugehörigkeit und Kontext, können aber auch Vorurteile und Stereotype verstärken. Die Art und Weise, wie eine Gesellschaft sich an ihre Vergangenheit erinnert, beeinflusst, wie ihre Mitglieder die Gegenwart und Zukunft gestalten. Kollektive Erinnerungen können verbindend oder spaltend wirken – sie sind ein mächtiges Werkzeug, um Identität und Gemeinschaft zu formen.

Erinnerungen haben jedoch nicht nur eine positive, sondern auch eine belastende Seite. Schmerzhafte oder traumatische Erlebnisse können unser Denken überschatten und uns daran hindern, frei und unbeschwert zu handeln. Oft versuchen wir, diese Erinnerungen zu verdrängen, doch das Gehirn hat die Tendenz, besonders intensive Erfahrungen immer wieder ins Bewusstsein zu holen. Dies kann dazu führen, dass wir uns in negativen Denkmustern verfangen oder uns von alten Ängsten kontrollieren lassen. Umgekehrt bietet die Auseinandersetzung mit diesen belastenden Erinnerungen die Chance, sie neu zu bewerten und ihre Macht über uns zu verringern.

Die Wissenschaft hat gezeigt, dass Erinnerungen keine statischen Bilder sind, sondern durch unser heutiges Denken und Fühlen beeinflusst werden. Wenn wir uns an ein Ereignis erinnern, rufen wir nicht nur die Fakten ab, sondern auch die Emotionen, die damit verbunden sind. Diese emotionale Komponente macht Erinnerungen so kraftvoll, kann aber auch zu Verzerrungen führen. Ein Streit mit einem engen Freund kann beispielsweise im Rückblick größer oder kleiner erscheinen, je nachdem, wie unsere Beziehung zu dieser Person heute aussieht. Diese Verzerrungen zeigen, dass Erinnerungen kein zuverlässiges Abbild der Realität sind, sondern vielmehr Spiegel unserer aktuellen Perspektiven.

Es ist auch bemerkenswert, wie selektiv unser Gedächtnis arbeitet. Wir erinnern uns oft an Momente, die mit unseren Überzeugungen und unserem Selbstbild übereinstimmen, während wir andere Erinnerungen ausblenden oder vergessen. Dieses Phänomen, bekannt als Bestätigungsfehler, sorgt dafür, dass unsere Erinnerungen uns in unserem Denken bestärken, selbst wenn sie nicht objektiv sind. Diese Selektivität hat Vorteile, da sie uns hilft, unsere Identität zu stabilisieren, kann aber auch dazu führen, dass wir in starren Denkmustern verharren und uns neuen Perspektiven verschließen.

Die Reflexion über unsere Erinnerungen kann uns dabei helfen, ihr Potenzial besser zu nutzen. Indem wir uns bewusst mit unserer Vergangenheit auseinandersetzen, können wir erkennen, welche Muster unser Denken beeinflussen und wie wir sie gegebenenfalls verändern können. Tagebuchschreiben, Gespräche mit vertrauten Personen oder therapeutische Ansätze bieten Möglichkeiten, unsere Beziehung zu unseren Erinnerungen zu erkunden. Diese Reflexion ermöglicht es uns, die positiven Aspekte unserer Vergangenheit zu schätzen, während wir uns von alten Wunden und einschränkenden Überzeugungen lösen.

Ein spannender Ansatz im Umgang mit Erinnerungen ist die bewusste Rekonstruktion. Indem wir unsere Erinnerungen bewusst in einem neuen Licht betrachten, können wir ihnen eine neue Bedeutung geben. Ein Ereignis, das wir früher als Scheitern empfanden, könnte heute als wertvolle Lektion gesehen werden. Dieser Prozess erfordert jedoch Geduld und Offenheit, da er oft mit schmerzhaften Einsichten verbunden ist. Doch er bietet die Möglichkeit, unser Denken und unser Selbstbild positiv zu verändern.

Erinnerungen sind nicht nur ein Fenster in unsere Vergangenheit, sondern auch ein Werkzeug, um unsere Zukunft zu gestalten. Sie bieten uns Orientierung und Inspiration, können uns aber auch herausfordern, uns weiterzuentwickeln. Indem wir uns bewusst mit ihnen auseinandersetzen, können wir nicht nur die Macht der Vergangenheit über unser Denken verstehen, sondern sie auch als Ressource für persönliches Wachstum nutzen.

Am Ende zeigt sich, dass die Macht der Erinnerungen in ihrer Vielschichtigkeit liegt. Sie sind nicht nur Momentaufnahmen vergangener Ereignisse, sondern lebendige Prozesse, die unser Denken, Fühlen und Handeln formen. Indem wir ihre Dynamik erkennen und bewusst mit ihnen umgehen, können wir unsere Perspektiven erweitern und ein tieferes Verständnis für uns selbst und unsere Welt entwickeln. Erinnerungen sind nicht nur ein Teil von uns – sie sind ein Schlüssel zu dem, was wir sind und was wir sein können.

Psychologische Abwehrmechanismen – Wie wir unangenehme Wahrheiten ausblenden

Die menschliche Psyche ist hochkomplex und verfügt über zahlreiche Mechanismen, die dazu dienen, innere Stabilität zu bewahren. Psycho- logische Abwehrmechanismen sind Strategien, die uns vor unangenehmen Gefühlen und unbequemen Wahrheiten schützen. Doch diese Mechanismen sind nicht nur individuell aktiv – sie wirken auch auf gesellschaftlicher Ebene, beeinflussen kollektives Denken und stabilisieren Strukturen, die möglicherweise längst überholt sind.

Gesellschaften sind geprägt von Abwehrmechanismen, die dazu dienen, die bestehende Ordnung zu erhalten. Ein weit verbreitetes Beispiel ist die Verdrängung – das bewusste oder unbewusste Ausblenden unbequemer Tatsachen. Menschen sehen das Leid, die Ungerechtigkeit, das offensichtliche Scheitern von Systemen, doch anstatt aktiv zu werden, verdrängen sie die Realität oder suchen nach rationalen Erklärungen, die ihr Nicht-Handeln legitimieren. „Es war schon immer so", „Ich allein kann nichts tun", „Die Politik ist schuld" – solche Aussagen sind klassische Abwehrreaktionen, die verhindern, dass sich echte Veränderung vollzieht.

Diese Mechanismen sind tief in sozialen Strukturen verankert und wer- den oft unbewusst weitergegeben. Sie dienen als Schutzmechanismen, die es ermöglichen, unangenehme Wahrheiten zu umgehen, statt sich mit ihnen auseinanderzusetzen. Doch genau hier liegt die Herausforderung: Nur wer bereit ist, diese Muster zu erkennen und zu hinterfragen, kann sich von ihnen lösen und neue Wege des Denkens und Handelns beschreiten.

Ein verbreiteter psychologischer Abwehrmechanismus ist die Rationalisierung. Statt sich mit der eigentlichen Ursache eines Problems auseinanderzusetzen, neigen Menschen dazu, scheinbar logische Erklärungen zu konstruieren, um ihr Verhalten zu rechtfertigen. Viele Überzeugungen beruhen nicht auf fundierter Reflexion, sondern sind das Produkt früher Prägung und gesellschaftlicher Konventionen. Besonders sichtbar wird dies in ideologischen und religiösen Systemen, die bestehende Machtverhältnisse oft mit scheinbar unumstößlichen Prinzipien legitimieren. So werden soziale Ungleichheiten nicht selten als „natürlich" dargestellt, um kritische Fragen nach Veränderung gar nicht erst aufkommen zu lassen.

Neben Rationalisierung und Verdrängung spielt auch die Projektion eine entscheidende Rolle in gesellschaftlichen Mechanismen. Probleme werden nicht bei sich selbst oder innerhalb der eigenen Strukturen gesucht, sondern auf andere übertragen. Statt sich mit den eigentlichen Ursachen von Missständen zu befassen, wird häufig die Schuld auf Außenseiter, Minderheiten oder fremde Gruppen geschoben. Dieses Muster zeigt sich deutlich in politischen Debatten, in denen wirtschaftliche Schwierigkeiten oder soziale Spannungen nicht als strukturelle Herausforderungen erkannt, sondern als das Resultat externer Einflüsse dargestellt werden. Diese Ablenkungsstrategie dient oft dazu, grundlegende Reformen hinauszuzögern und bestehende Machtverhältnisse zu sichern.

Solche kollektiven Abwehrmechanismen tragen dazu bei, dass Gesellschaften in überholten Strukturen verharren. Während technologischer Fortschritt neue Möglichkeiten eröffnet, bleibt gesellschaftliches Denken oft fest in alten Denkmustern verankert. Mechanismen wie Gruppendenken und autoritäre Prägung sorgen dafür, dass alternative Ideen von vornherein abgelehnt oder ins Lächerliche gezogen werden, bevor sie überhaupt diskutiert werden können. Wer neue Perspektiven einbringt, stößt nicht selten auf Skepsis oder aktiven Widerstand.

Doch diese Mechanismen dienen nicht nur der Stabilisierung sozialer Ordnung – sie sind auch Barrieren, die echte Veränderung verhindern. Der bewusste Umgang mit ihnen erfordert die Fähigkeit, eigene Denkmuster zu hinterfragen und gesellschaftliche Strukturen kritisch zu betrachten. Abwehrmechanismen bieten Sicherheit, erhalten etablierte Systeme und vermeiden Chaos. Doch sie dürfen nicht als Ausrede benutzt werden, um dringend notwendige Entwicklungen zu blockieren.

Gesellschaftlicher Fortschritt erfordert Mut. Es bedeutet, alte Überzeugungen loszulassen und sich mit unbequemen Wahrheiten auseinanderzusetzen. Es verlangt die Bereitschaft, vorgefertigte Meinungen nicht einfach zu übernehmen, sondern sie kritisch zu hinterfragen. Erst wenn wir die Muster erkennen, die unser Denken und Handeln beeinflussen, können wir beginnen, sie bewusst zu durchbrechen und neue Wege zu gehen.

Am Ende bleibt die zentrale Frage: Wie viele unserer Überzeugungen sind wirklich unsere eigenen? Und wie viele sind lediglich das Ergebnis lebenslanger Konditionierung, die wir nie hinterfragt haben?

**Moralische Dilemmata – Warum es keine einfachen
Antworten gibt**

Moralische Fragen sind selten eindeutig. Sie bewegen
sich in einem Spannungsfeld, in dem es keine absoluten
Wahrheiten gibt, sondern verschiedene Perspektiven,
Überzeugungen und gesellschaftliche Konventionen.
Dennoch neigen wir dazu, nach einfachen Antworten
zu suchen. Warum wollen wir das Gute vom Bösen
trennen, selbst wenn die Realität komplexer ist? Oft
klammern sich Menschen an klare Erklärungen, statt
sich mit den tiefen Widersprüchen moralischer Fragen
auseinanderzusetzen. Dieses Bedürfnis nach Klarheit ist
nicht zufällig – es ist das Ergebnis sozialer Prägung und
kollektiver Mechanismen, die es uns erleichtern sollen,
Entscheidungen zu treffen, ohne allzu viel nachzudenken.

Moralische Dilemmata entstehen, wenn zwei oder
mehr Prinzipien miteinander in Konflikt geraten. Ein
klassisches Beispiel ist das sogenannte „Trolley-Prob-
lem": Ein Zug rast auf fünf Menschen zu, die auf den
Gleisen stehen. Man hat die Möglichkeit, eine Weiche
umzustellen und den Zug umzulenken – doch dann
würde er eine einzelne Person überfahren. Was ist richtig? Die Mehrheit entscheidet sich für die Variante, bei

der weniger Menschen sterben. Doch ist es moralisch vertretbar, aktiv eine Entscheidung zu treffen, die den Tod eines Menschen verursacht, selbst wenn dadurch andere gerettet werden?

Solche Dilemmata sind nicht nur theoretische Konstrukte, sondern begleiten uns im Alltag. Oft treffen Menschen ihre Entscheidungen nicht bewusst, sondern folgen moralischen Konzepten, die sie nie hinterfragt haben. Moral ist selten absolut – sie ist kulturell geprägt, historisch gewachsen und oft von äußeren Umständen abhängig. Was in einer Gesellschaft als moralisch gilt, kann in einer anderen als unmoralisch betrachtet werden. Was gestern vertretbar war, kann heute als untragbar gelten.

Die Schwierigkeit moralischer Fragen zeigt sich besonders bei Themen wie Krieg, wirtschaftlicher Ungerechtigkeit oder sozialer Verantwortung. Ist es moralisch, ein Land zu verteidigen, wenn das bedeutet, andere zu töten? Ist es vertretbar, Luxus zu genießen, während Millionen Hunger leiden? Viele Menschen wählen den einfachsten Weg: Sie vermeiden diese Fragen, verdrängen die Widersprüche oder akzeptieren die bestehenden Normen, ohne sie zu hinterfragen. Doch genau diese Weigerung, sich mit unbequemen Wahrheiten auseinanderzusetzen, verhindert oft echten Fortschritt.

Eine der größten Herausforderungen im Umgang mit Moral ist die Tendenz zur Vereinfachung. Begriffe wie „gut" und „böse" werden verwendet, um komplexe Sachverhalte verständlich zu machen. Doch die Welt funktioniert nicht nach simplen Regeln. Menschen handeln nicht aus einer einzigen Motivation heraus, sondern aus einem Geflecht aus persönlichen Interessen, gesellschaftlichen Erwartungen und individuellen Erfahrungen. Jeder moralische Konflikt ist geprägt von einer Vielzahl von Faktoren, die selten eine eindeutige Antwort zulassen.

Doch trotz dieser Komplexität halten Gesellschaften an klaren moralischen Urteilen fest. Die moderne Welt ist geprägt von Gesetzen, die moralische Werte festlegen und durchsetzen. Doch wer definiert diese Werte? Viele gesellschaftliche Normen sind nicht natürlich entstanden, sondern wurden durch historische Entwicklungen und Machtstrukturen geformt. Moral ist oft nicht das Ergebnis objektiver Überlegungen, sondern das Produkt von Geschichte, Kultur und politischer Kontrolle.

Moralische Dilemmata sind letztlich unvermeidlich. Sie begleiten uns in allen Bereichen des Lebens und zwingen uns, Entscheidungen zu treffen, die nie vollkommen richtig oder falsch sind. Es ist wichtig, diese Realität zu akzeptieren und sich von der Illusion einer absoluten moralischen Klarheit zu lösen. Freiheit bedeutet nicht, einfache Antworten zu finden, sondern die Fähigkeit, Widersprüche auszuhalten und bewusst mit ihnen umzugehen.

Am Ende bleibt die Frage: Können wir wirklich moralisch handeln, wenn wir nicht bereit sind, unsere eigenen Überzeugungen zu hinterfragen?

Relativismus vs. Universalismus – Gibt es eine allgemeingültige Ethik?

Moral erscheint oft als festes Regelwerk, eine universale Wahrheit, die unabhängig von Zeit, Kultur oder gesellschaftlichen Normen Bestand hat. Viele Menschen wünschen sich klare Richtlinien, nach denen sie ihr Handeln bewerten können, Prinzipien, die allgemeingültig und unantastbar sind. Doch hinter dieser Vorstellung verbirgt sich eine unbequeme Wahrheit: Ethik ist nicht objektiv, sondern das Produkt von Geschichte, sozialen Prägungen und den bestehenden Machtverhältnissen. Die Idee einer universellen Moral ist letztlich ein Versuch, Unsicherheit durch feste Regeln zu ersetzen und Komplexität durch verein- fachte Normen zu kontrollieren. Doch diese Sicherheit ist trügerisch, denn sie hindert uns daran, unser moralisches Denken zu reflektieren und weiterzuentwickeln.

Das Spannungsfeld zwischen Relativismus und Universalismus ist tief in menschlicher Moral verankert. Relativismus vertritt die Ansicht, dass moralische Prinzipien von kulturellen, historischen und sozialen Kontexten abhängen, dass es keine feststehende Wahrheit gibt, sondern nur das, was eine Gesellschaft als „richtig" oder „falsch" definiert. Universalismus hingegen sucht nach unveränderlichen moralischen Regeln, die unabhängig von kulturellen Prägungen bestehen. Beide Ansätze haben ihre Berechtigung, doch sie geraten immer wieder in Konflikt miteinander. Menschen neigen dazu, an überlieferten moralischen Dogmen fest- zuhalten, weil diese ihnen Sicherheit geben, selbst wenn sich die Welt längst verändert hat und diese Regeln nicht mehr universell anwendbar sind.

Die Geschichte zeigt, dass Moral kein statisches Konstrukt ist, sondern sich mit gesellschaftlichen, politischen und wirtschaftlichen Einflüssen wandelt. Was einst legitim war, kann heute als barbarisch gelten, und umgekehrt. Gesellschaftliche Normen haben sich stets dem Wandel angepasst, und die Akzeptanz bestimmter moralischer Prinzipien ist kein Beweis ihrer universellen Gültigkeit, sondern vielmehr das Produkt von Machtstrukturen, kulturellen Entwicklungen und ökonomischen Interessen. Die Vorstellung, dass bestimmte moralische Regeln für alle Zeiten und Kulturen gelten, ist nicht nur naiv, sondern auch hinderlich, da sie eine notwendige Reflexion über Ethik und gesellschaftliche Werte blockiert. Moral, die sich nicht mit der Zeit verändert, erstarrt und verliert ihre Bedeutung.

Ein Beispiel für den stetigen Wandel moralischer Vorstellungen ist der Umgang mit gesellschaftlichen Ungleichheiten. Vor wenigen Jahrhunderten wurde Sklaverei als moralisch vertretbar angesehen, da sie als wirtschaftlich notwendig galt und die bestehende soziale Ordnung aufrechterhielt. Heute ist diese Praxis weltweit geächtet, nicht weil sich eine universelle moralische Wahrheit durchgesetzt hätte, sondern weil sich die gesellschaftlichen Bedingungen verändert haben und neue ethische Bewertungen erforderlich wurden. Genauso verhält es sich mit Themen wie

Frauenrechten, Gleichberechtigung oder Umwelt-schutz. Moralische Prinzipien entstehen nicht aus objektiven Wahrheiten, sondern aus dem fortlaufenden Wechsel von Machtverhältnissen und gesellschaftlichen Bedürfnissen, die sich mit jeder Generation und jedem historischen Umbruch neu definieren.

Universalistische Ethik versucht dennoch, unveränderliche Grundprinzipien zu formulieren. Menschenrechte sind eines der bekanntesten Beispiele für diesen Ansatz – ein Regelwerk, das angeblich für alle Menschen gleichermaßen gelten soll, unabhängig von Kultur oder Herkunft. Doch selbst hier stellt sich die Frage: Wer definiert diese Rechte? Sind sie tatsächlich universell, oder wurden sie von einer bestimmten politischen und wirtschaftlichen Elite festgelegt? Moralische Konzepte sind selten das Ergebnis objektiver Wahrheiten, sondern vielmehr Produkte von Machtstrukturen, die ihre Durchsetzung ermöglichen. Welche moralischen Regeln sich behaupten, ist keine Frage der reinen Logik, sondern hängt eng mit politischen Interessen und den gesellschaftlichen Bedingungen zusammen.

Besonders deutlich wird dieser Umstand in internationalen Debatten über Moral und Werte. Einige Länder und Kulturen beanspruchen für sich, universelle moralische Standards zu vertreten, die für die ganze Welt gültig sein sollen. Doch wer entscheidet, dass diese Werte tat- sächlich „richtig" sind? Moralische Vorstellungen sind nicht nur ein Ausdruck ethischer Prinzipien, sondern oft auch ein Mittel der Kontrolle. Universelle

Moral wird häufig als Werkzeug genutzt, um politische und wirtschaftliche Macht zu sichern – um bestimmte Gesellschaften als „fortschrittlich" und andere als „rückständig" zu definieren. Diese Art der moralischen Bewertung folgt selten einer neutralen Ethik, sondern vielmehr der Herrschaft über gesellschaftliche Narrative, die oft von denjenigen bestimmt werden, die Macht besitzen und ihre Interessen vertreten.

Hinzu kommt die Tatsache, dass sich viele Menschen nicht aktiv mit moralischen Konzepten auseinandersetzen. Sie neigen dazu, ihre Überzeugungen nicht zu hinterfragen, sondern sie als gegeben anzunehmen. Genau so verhält es sich mit moralischen Werten: Viele halten an Dogmen fest, weil sie ihnen früh vermittelt wurden und weil sie ihnen eine klare Orientierung bieten. Doch diese scheinbare Stabilität ist trügerisch. Sie verhindert, dass sich moralische Konzepte weiterentwickeln und an die tatsächlichen Bedürfnisse der Menschen angepasst werden. Wer Moral nicht reflektiert, verharrt in Denkmustern, die längst überholt sind, ohne sich dessen bewusst zu sein. Dieses Phänomen betrifft nicht nur Einzelne, sondern ganze Gesellschaften, die an Werten festhalten, die nicht mehr mit den heutigen Realitäten kompatibel sind.

Am Ende bleibt die Frage: Gibt es überhaupt eine allgemeingültige Moral? Oder sind alle moralischen Prinzipien letztlich nur Produkte ihrer Zeit, geschaffen von Menschen mit bestimmten Interessen und ideologischen Zielen? Es ist notwendig, nicht nur die moralischen Konzepte, die uns umgeben, zu hinterfragen, sondern auch die Mechanismen, die sie aufrechterhalten. Moral ist kein Naturgesetz – sie ist ein soziales Konstrukt, das von Generation zu Generation weitergegeben wird und sich mit den Machtverhältnissen verändert. Wer an universellen moralischen Regeln festhält, muss sich fragen, ob diese tatsächlich aus objektiver Überzeugung bestehen oder ob sie lediglich dazu dienen, eine bestehen- de Ordnung zu stabilisieren und Machtverhältnisse zu legitimieren.

Die Wahrheit ist unbequem. Sie zeigt, dass es keine absoluten Antworten gibt – nur ein endloses Ringen um Werte, die immer wieder neu verhandelt werden. Moralische Reflexion beginnt dort, wo wir akzeptieren, dass es kein endgültiges „Richtig" und „Falsch" gibt, sondern eine Vielzahl von Perspektiven, die stets im Wandel sind. Indem wir diese Dynamik anerkennen, können wir unser eigenes Denken erweitern und dazu beitragen, eine reflektiertere und gerechtere Gesellschaft zu gestalten. Denn moralischer Fortschritt ist kein festgelegter Pfad, sondern ein Prozess, der stetige Reflexion und Anpassung erfordert. Wer bereit ist, sich dieser Herausforderung zu stellen, gewinnt nicht nur eine tiefere Einsicht in die Welt, sondern auch die Fähigkeit, ethische Prinzipien aktiv weiterzuentwickeln.

Gut und Böse – Ein menschliches Konstrukt?

Die Welt wurde seit jeher in moralische Kategorien eingeteilt – richtig und falsch, gut und böse, gerecht und ungerecht. Diese Konzepte sind tief in unserer Kultur und unserem alltäglichen Denken verwurzelt. Wir lernen sie in Kindergeschichten, religiösen Traditionen, politischen Debatten und gesellschaftlichen Normen kennen. Doch was, wenn diese Begriffe nicht so absolut sind, wie wir glauben? Was, wenn sie keine universellen Wahrheiten darstellen, sondern Konstrukte sind, die von Menschen geschaffen wurden, um Ordnung in eine chaotische Realität zu bringen?

Die Vorstellung von Gut und Böse zieht sich durch die gesamte Menschheitsgeschichte. Über Jahrtausende hinweg haben Religionen klare moralische Richtlinien entwickelt, die definieren, welche Handlungen als „sündhaft" oder „rein" gelten. Rechts- und Gesellschaftssysteme basieren auf Gesetzen, die Straftaten von tugendhaftem Verhalten unterscheiden. Selbst unser alltägliches Denken ist von moralischen Urteilen geprägt, die tief in unserem Bewusstsein verankert sind. Doch sobald man diese Konzepte genauer betrachtet, zeigt sich, dass sie keineswegs universell sind. Sie sind vielmehr das Produkt sozialer, historischer und kultureller Entwicklungen – abhängig von der Zeit, der Umgebung und den Menschen, die sie anwenden.

Moralische Einteilungen sind nicht statisch. Ein Blick in die Geschichte zeigt, wie sehr sich moralische Konzepte verändern. Während Hexenverbrennungen einst als gerechte Strafe galten, erscheinen sie heute als ein Akt der Barbarei. Während Kriege in vergangenen Jahrhunderten als notwendiges Mittel der Machtsicherung betrachtet wurden, gelten sie heute zunehmend als moralisch fragwürdig. Was einst akzeptabel war, kann heute verurteilt werden. Das zeigt, dass moralische Prinzipien kein festes Regelwerk sind, sondern sich mit den gesellschaftlichen Bedingungen und Machtstrukturen verändern.

Besonders deutlich wird dies in der politischen und gesellschaftlichen Manipulation von Moral. Wer entscheidet, was „gut" oder „böse" ist? Diese Konzepte werden oft gezielt genutzt, um Kontrolle auszuüben oder bestimmte Narrative durchzusetzen. Eine Handlung kann durch gezielte Rhetorik leicht in ein moralisch akzeptables Licht gerückt wer- den – eine militärische Intervention wird als „Verteidigung der Freiheit" dargestellt, wirtschaftliche Ungleichheit als „natürliches Ergebnis der Leistungsgesellschaft", eine Gruppe von Menschen als „Bedrohung" deklariert, um sie gesellschaftlich zu isolieren. Diese moralische Einteilung zeigt, dass Ethik nicht immer das Produkt objektiver Überlegungen ist, sondern oft ein Werkzeug der Macht darstellt.

Doch wenn es kein universelles Gut und Böse gibt, was bleibt dann? Die Antwort liegt nicht darin, Moral komplett abzulehnen, sondern sie bewusst zu hinterfragen. Wenn moralische Konzepte von Menschen geschaffen wurden, bedeutet das, dass sie veränderbar sind – dass wir nicht gezwungen sind, uns nach Regeln zu richten, die nicht aus reflektiertem Denken entstanden sind, sondern aus kulturellen Konditionierungen. Das bedeutet auch, dass wir uns unserer eigenen Verantwortung bewusst werden müssen: Entscheidungen dürfen nicht auf vereinfachten moralischen Urteilen basieren, sondern erfordern kritische Reflexion und den Mut, etablierte Normen infrage zu stellen.

Diese Erkenntnis ist unbequem, denn sie nimmt uns die Sicherheit, in einer Welt mit klaren Regeln zu leben. Doch genau hier liegt die Chance. Wer Moral nicht als ein festes, unverrückbares System betrachtet, sondern als wandelbares Konzept versteht, kann sich von starren gesellschaftlichen Normen lösen und eine tiefere, bewusstere Ethik entwickeln. Es geht nicht darum, jede moralische Ordnung zu negieren, sondern darum, sich der Mechanismen bewusst zu werden, die unsere moralischen Überzeugungen formen, und zu entscheiden, welche Werte wirklich universell sein sollten – und welche nur dazu dienen, bestehende Machtverhältnisse zu erhalten.

Am Ende bleibt die Frage: Was ist wirklich „gut"? Was ist wirklich „böse"? Und wer hat die Macht, diese Begriffe zu definieren? Wenn wir bereit sind, diese Fragen offen zu stellen, können wir über festgefahrene Konzepte hinausdenken und Moral als das erkennen, was sie ist: ein flexibles, ständig neu verhandeltes Konstrukt, das im besten Fall nicht zur Kontrolle dient, sondern zur Förderung von Gerechtigkeit, Empathie und Verantwortung.

Das Konzept von Schuld und Verantwortung – Wer trägt die Konsequenzen?

Schuld und Verantwortung sind zwei der grundlegendsten moralischen Konzepte, die das gesellschaftliche Miteinander prägen. Sie bestimmen, wie wir mit Fehlern umgehen, wie wir Gerechtigkeit definieren und wie wir das Verhalten anderer bewerten. Doch wer entscheidet, wer schuld ist? Wer trägt Verantwortung, und ist sie immer gerecht verteilt? In einer Welt, die von Machtstrukturen und wirtschaftlichen Interessen geformt wird, sind Schuld und Verantwortung selten so neutral oder objektiv, wie wir sie gerne hätten.

Schuld ist eine der stärksten emotionalen Triebkräfte, die das menschliche Verhalten beeinflussen. Sie kann lähmen, motivieren oder manipulieren. Schon von klein auf lernen wir, dass jede Handlung Konsequenzen hat und dass diese Konsequenzen nicht nur uns selbst, sondern auch andere betreffen. Doch während Schuld oft als individuelles Gefühl betrachtet wird, ist sie in Wahrheit ein sozial konstruiertes Konzept. Gesellschaften definieren, wer schuld ist und wer nicht – und diese Definitionen sind selten neutral. Häufig trifft Schuld nicht diejenigen, die tatsächlich Verantwortung tragen, sondern jene, die am wenigsten Macht besitzen, sich gegen diese Zuschreibung zu wehren.

Die Verteilung von Verantwortung ist ähnlich verzerrt. Während Einzelpersonen oft für Fehler zur

Rechenschaft gezogen werden, entziehen sich größere Systeme dieser Logik. Regierungen, Unternehmen und religiöse Institutionen operieren innerhalb von Strukturen, die es ihnen ermöglichen, Schuld zu delegieren, während sie die Kontrolle behalten. Wirtschaftliche und soziale Ungerechtigkeiten sind Beispiele für solche Dynamiken: Während jene, die unter dem System leiden, häufig die Verantwortung für ihre Situation zugeschoben bekommen („Eigenverantwortung"), entziehen sich die eigentlichen Entscheidungsträger jeder Konsequenz. Diejenigen, die am meisten Macht haben, bleiben unberührt – sei es durch wirtschaftliche Privilegien, politischen Einfluss oder gesellschaftliche Mechanismen, die sie vor Verantwortung schützen.

Ein besonders sichtbares Beispiel für diese ungerechte Schuldzuweisung ist die Klimakrise. Die größte Umweltverschmutzung wird von multinationalen Konzernen verursacht, doch die Verantwortung wird auf einzelne Konsumenten übertragen. „Verbraucher sollten weniger Plastik nutzen, weniger fliegen, nachhaltiger leben", wird gepredigt – als ob individuelles Verhalten die Hauptursache für die ökologische Katastrophe wäre. Während Bürgerinnen und Bürger angehalten werden, ihr Verhalten zu ändern, bleiben die Großverursacher der Klimakrise weitgehend unangetastet. Die Verantwortung wird dezentralisiert, und die eigentlichen Problemverursacher entziehen sich der Konsequenz, indem sie das Narrativ geschickt steuern. Dies wirft die zentrale Frage auf: Wer trägt wirklich Verantwortung für die Zerstörung unseres Planeten, und warum wird Schuld so oft falsch verteilt?

Auch die Frage nach historischer Schuld ist eng mit diesem Thema verknüpft. Staaten, die auf Kolonialismus, Kriegen und wirtschaftlicher Ausbeutung aufgebaut wurden, sprechen oft nicht über ihre eigene Verantwortung. Stattdessen wird Geschichte umgeschrieben, Schuld relativiert oder auf andere Akteure verlagert. So entstehen Narrative, die systematische Ungerechtigkeiten überdecken und das eigene Land von Verantwortung freisprechen. Schulbücher werden angepasst, politische Reden werden bewusst so formuliert, dass die dunklen Kapitel der Vergangenheit entweder nicht erwähnt oder mit fragwürdigen Rechtfertigungen versehen werden. Doch wer vergibt Schuld, wenn Geschichte verfälscht wird? Wer setzt fest, welche Verantwortung übernommen wird, und wer entscheidet darüber, welche Verfehlungen nicht mehr besprochen werden?

Verantwortung ist jedoch nicht nur ein historisches oder politisches Konzept – sie ist auch eine individuelle Haltung. Verantwortung zu übernehmen bedeutet, sich nicht in der Passivität zu verlieren, sondern aktiv zu handeln. Es geht nicht nur darum, die individuelle Schuldfrage zu stellen, sondern auch die gesellschaftlichen Mechanismen dahinter zu verstehen. Nur wenn Schuld und Verantwortung gerecht verteilt werden, kann sich eine Gesellschaft weiterentwickeln. Verantwortung ist nicht nur eine Last, sondern eine Chance,

Fehlentwicklungen zu erkennen, Strukturen zu hinterfragen und Veränderungen aktiv voranzutreiben.

Doch oft wird Schuld als Werkzeug der Kontrolle eingesetzt. Wer Schuld trägt, steht unter Druck, wird öffentlich an den Pranger gestellt oder soll Wiedergutmachung leisten. In vielen Fällen ist dies gerechtfertigt – Verfehlungen müssen anerkannt und korrigiert werden. Doch in ebenso vielen Fällen ist Schuld eine strategische Waffe, um Machtverhältnisse aufrechtzuerhalten und kritische Stimmen zu unterdrücken. Die zentrale Frage bleibt: Wird Schuld wirklich dazu genutzt, Gerechtigkeit herzustellen, oder dient sie oft vielmehr dazu, Kontrolle auszuüben?

Die Verteilung von Verantwortung ist eine der zentralen Herausforderungen unserer Gesellschaft. Solange die Schuldfrage instrumentalisiert wird und Menschen ungleich behandelt werden, bleibt Gerechtigkeit ein Ideal, das nicht erreicht wird. Die einzige Möglichkeit, diese Dynamik zu durchbrechen, liegt in der kritischen Reflexion – dem Mut, sich mit unbequemen Wahrheiten auseinanderzusetzen und Ungerechtigkeiten offen zu benennen. Nur wer Verantwortung bewusst hinterfragt, kann sich gegen ihre verzerrte Verteilung wehren und aktiv zur Veränderung beitragen.

Gesellschaftliche Wertewandel – Wie sich Moral über Zeit verändert

Moral ist kein starres Konzept, das unabhängig von Zeit und Kontext existiert. Vielmehr ist sie ein lebendiger Spiegel gesellschaftlicher Entwicklungen – ein dynamisches Prinzip, das sich stetig verändert und sich an kulturelle, wirtschaftliche und politische Gegebenheiten anpasst. Dennoch neigen Menschen häufig dazu, moralische Normen als unumstößliche Wahrheiten zu betrachten, ohne zu hinterfragen, ob sie tatsächlich universell oder lediglich ein Produkt ihrer Zeit sind. Diese festgefahrenen Denkmuster erschweren den moralischen Fortschritt und verhindern, dass sich Werte kontinuierlich weiterentwickeln. Doch was treibt den Wertewandel an? Und warum halten manche Gesellschaften an überholten Prinzipien fest?

Die Entwicklung von moralischen Werten ist eng mit dem Fortschritt einer Gesellschaft verbunden. Historisch gesehen waren viele ethische Überzeugungen an wirtschaftliche und politische Bedingungen geknüpft. Ein Beispiel hierfür ist die Sklaverei, die über Jahrhunderte hinweg als moralisch akzeptabel galt, da sie eine tragende Säule der wirtschaftlichen Strukturen bildete. Erst durch tiefgreifende gesellschaftliche und ökonomische Umbrüche, gepaart mit aktivem Widerstand, wurde diese Praxis geächtet. Dabei war der Wandel nicht das Ergebnis einer universellen moralischen Wahrheit, sondern einer Verschiebung von Machtverhältnissen und wirtschaftlichen Interessen. Die

Vorstellung, dass moralische Prinzipien von Natur aus „gerecht" oder „unveränderlich" sind, ist eine Illusion – vielmehr sind sie häufig das Resultat politischer und sozialer Dynamiken, die bestimmte Normen etablieren und andere verdrängen.

Ein weiteres Beispiel für den Wandel moralischer Werte ist die Rolle der Frauen in der Gesellschaft. Noch vor wenigen Jahrzehnten war es in vielen Ländern selbstverständlich, dass Frauen von politischen und wirtschaftlichen Entscheidungen ausgeschlossen wurden. Sie sollten sich auf Haushalt und Familie konzentrieren, während öffentliche und politische Angelegenheiten Männern vorbehalten blieben. Heute sind Gleichberechtigung und Geschlechtergerechtigkeit zentrale gesellschaftliche Themen, doch dieser Fortschritt entstand nicht von selbst – er war das Ergebnis langjähriger Kämpfe um soziale und politische Gleichstellung. Der Wandel geschah nicht durch eine plötzliche moralische Erkenntnis, sondern durch kontinuierliche Auseinandersetzung mit traditionellen Werten und durch das Hinterfragen überkommener gesellschaftlicher Strukturen. Dies verdeutlicht, dass moralische Entwicklung eine aktive Reflexion erfordert und nicht automatisch voranschreitet.

Doch moralischer Fortschritt ist nicht immer linear. Viele Errungenschaften, die heute als selbstverständlich gelten, können wieder infrage gestellt oder zurückgedrängt werden. Politische Systeme, die Gleichheit und Freiheit untergraben, greifen häufig auf konservative

und autoritäre Werte zurück, um bestehende Machtstrukturen zu festigen. Die Geschichte zeigt, wie leicht
Menschen sich wieder auf alte Normen einlassen,
wenn diese ihnen Sicherheit und Stabilität bieten –
selbst wenn diese Normen Ungerechtigkeit oder Ungleichheit fördern. Moralische Werte sind daher nicht
nur das Ergebnis von Fortschritt, sondern auch Werkzeuge, die gezielt zur Kontrolle eingesetzt werden können.

Auch Religion und kulturelle Traditionen spielen eine
entscheidende Rolle im Wertewandel. Viele moralische
Normen haben ihren Ursprung in religiösen Überzeugungen, die über Jahrhunderte hinweg als unverrück-
bar galten. Doch auch diese Normen sind nicht immun
gegen Veränderungen. Während einige religiöse Strukturen an überholten Denkweisen festhalten, haben andere Wege gefunden, sich anzupassen und neue moralische Perspektiven zu akzeptieren. Dieser Wandel zeigt
sich in der schrittweisen Öffnung religiöser Institutionen gegenüber gesellschaftlichem Fortschritt und
neuen ethischen Fragen – sei es in Bezug auf Gleichstellung, Menschenrechte oder soziale Verantwortung.

Besonders in Zeiten gesellschaftlicher Umbrüche wird
deutlich, wie sehr Moral im Spannungsfeld von Tradition und Fortschritt steht. Während einige kulturelle
Werte den Wandel aktiv blockieren, zeigen andere sich
flexibel und wandlungsfähig. Die Herausforderung besteht darin, das Gleichgewicht zwischen Bewahrung
von Traditionen und Anpassung an neue

gesellschaftliche Realitäten zu finden. Moral ist keine feste Größe, sondern ein fließender Prozess, der sich im Zusammenspiel von sozialen Bewegungen, politischen Veränderungen und technologischen Entwicklungen weiterentwickelt.

Der Wertewandel wird von verschiedenen Faktoren angetrieben. Technologische Fortschritte verändern unser Verständnis von Ethik, soziale Bewegungen bringen neue Perspektiven hervor, wirtschaftliche Entwicklungen führen zu einer Neubewertung von Gerechtigkeit, und politische Umbrüche setzen neue Normen. Doch einer der wichtigsten Faktoren bleibt das kritische Denken – die Fähigkeit, bestehende Regeln infrage zu stellen und neue Blickwinkel einzunehmen. Ohne aktive Reflexion bleiben Gesellschaften in überholten Strukturen gefangen und verlieren die Möglichkeit, sich weiterzuentwickeln.

Kritisches Denken ermöglicht es, bestehende moralische Werte nicht nur zu hinterfragen, sondern aktiv weiterzuentwickeln. Es eröffnet die Möglichkeit, neue ethische Prinzipien zu formulieren, die mit den gesellschaftlichen Herausforderungen und technologischen Fortschritten der Gegenwart vereinbar sind. Dies zeigt sich besonders in Debatten über Themen wie Umweltethik, soziale Gerechtigkeit oder digitale Menschenrechte.

Am Ende bleibt die Erkenntnis: Moral ist kein festgelegtes Regelwerk, sondern ein dynamischer Prozess. Sie verändert sich kontinuierlich und wird von den

Menschen geformt, die bereit sind, sie zu hinterfragen und neu zu definieren. Die Zukunft moralischer Werte hängt nicht von bloßer Akzeptanz bestehender Normen ab, sondern von der Fähigkeit, sie zu analysieren, zu reflektieren und weiterzuentwickeln. Wer den Wandel aktiv mitgestaltet, trägt dazu bei, dass moralische Prinzipien nicht starr bleiben, sondern sich mit den Bedürfnissen einer gerechteren und fortschrittlicheren Gesellschaft weiterentwickeln.

Statt Moral als unveränderliche Größe zu betrachten, sollten wir sie als fortlaufenden Diskurs begreifen, der von der Menschheit aktiv mitgestaltet wird. Indem wir uns dieser Verantwortung bewusst werden, können wir ethische Normen nicht nur anpassen, sondern auch neu definieren und optimieren.

Gesellschaftliche Werte sind nicht statisch – sie wandeln sich mit der Zeit, beeinflusst durch soziale, wirtschaftliche und technologische Entwicklungen. Was einst als unantastbare Norm galt, wird heute infrage gestellt. Fortschritt entsteht nicht durch Zufall, sondern durch mutige Menschen, die bestehende Strukturen hinterfragen. Geschichte zeigt, dass bedeutende Veränderungen oft aus Krisen oder sozialen Bewegungen hervorgegangen sind. Ob es die Abschaffung der Sklaverei, die Gleichstellung der Geschlechter oder die Akzeptanz kultureller Vielfalt war – jeder Wandel begann mit der Bereitschaft, neu zu denken.

Technologie und Globalisierung haben den Wertewandel enorm beschleunigt. Informationen verbreiten sich schneller als je zuvor, kulturelle Einflüsse überschreiten mühelos Grenzen, und globale Vernetzung zwingt uns dazu, bestehende Strukturen zu überdenken. Während einige Gesellschaften sich öffnen und neue Denkweisen adaptieren, gibt es auch Widerstände. Viele Menschen klammern sich an traditionelle Werte, nicht aus Überzeugung, sondern aus Angst vor Veränderung. Doch diese Angst ist unbegründet, denn Werte sind nicht dazu da, festgehalten zu werden – sie sind dazu da, sich zu entwickeln.

Ein bedeutender Wandel, der unsere Welt grundlegend transformieren könnte, ist die Überwindung nationaler Grenzen. Jahrhunderte lang wurden Territorien verteidigt, Machtkämpfe geführt und Menschen voneinander getrennt, obwohl die Herausforderungen der Menschheit längst global sind. Kriege, Ressourcenknappheit und Klimawandel betreffen uns alle, unabhängig von Herkunft oder Staatsangehörigkeit. Warum sollten Lösungen dann national begrenzt bleiben? Eine Welt ohne Grenzen würde nicht nur wirtschaftliche und soziale Ungleichheiten verringern, sondern auch den Weg für eine vereinte Menschheit ebnen.

Doch jeder Wertewandel stößt auf Widerstand. Menschen verteidigen etablierte Systeme, selbst wenn sie längst nicht mehr zeitgemäß sind. Die Sorge vor dem Verlust kultureller Identität oder wirtschaftlicher Stabilität hält viele davon ab, sich für Veränderungen zu öffnen. Dabei zeigt die Geschichte, dass Gesellschaften, die sich weiterentwickeln, langfristig erfolgreicher sind.

Bildung spielt hierbei eine Schlüsselrolle. Wenn Menschen von klein auf lernen, kritisch zu denken und die Interdependenz der Welt zu verstehen, entsteht eine neue Generation, die den Wandel aktiv mitgestaltet.

Die entscheidende Frage ist nicht, ob Werte sich verändern werden – sondern in welche Richtung. Werden wir als Menschheit lernen, über uns hinauszublicken und gemeinsam Verantwortung zu übernehmen, oder bleiben wir in überholten Denkmustern gefangen? Die Antwort darauf liegt bei jedem Einzelnen. Jeder kann dazu beitragen, neue Werte zu formen – sei es durch die Bereitschaft, zuzuhören, durch die Unterstützung von Bildung oder durch die aktive Mitgestaltung einer gerechteren Welt. Werte sind nicht unveränderlich. Sie sind das Ergebnis unserer Entscheidungen und unseres Handelns. Und genau darin liegt ihre größte Stärke.

Jeden Tag treffen wir Entscheidungen, ohne sie bewusst zu hinterfragen. Unsere Überzeugungen entstehen oft aus Gewohnheiten, gesellschaftlichen Prägungen oder ungeprüften Informationen. Doch wer hinterfragt wirklich, ob das eigene Denken fundiert ist? Kritisches Denken ist weit mehr als eine Methode – es ist eine Haltung, die uns davor bewahrt, manipuliert zu werden, Vorurteile unreflektiert zu übernehmen und die Welt durch eine einseitige Linse zu betrachten.

Unsere Gedanken formen unsere Handlungen. Was wir als selbstverständlich ansehen, bestimmt, wie wir mit anderen umgehen, welche politischen Entscheidungen wir unterstützen und welche gesellschaftlichen Strukturen wir akzeptieren. Doch woher stammen diese Überzeugungen? Sind sie tatsächlich unsere eigenen oder bloß übernommen? Kritisches Denken beginnt mit der Fähigkeit, die eigenen Annahmen zu analysieren und zu hinterfragen, um neue Perspektiven zu gewinnen.

Wir leben in einer Zeit der Informationsflut. Medien, soziale Netzwerke und politische Botschaften beeinflussen uns täglich – oft subtil, manchmal gezielt manipulativ. Werbung spielt mit unseren Emotionen, soziale Algorithmen verstärken bereits bestehende Ansichten, politische Rhetorik vereinfacht komplexe Themen auf Schlagworte, die Zustimmung erzeugen sollen. Wer kritisch denkt, lässt sich nicht von oberflächlicher Information lenken, sondern prüft bewusst, wer eine Aussage trifft und aus welchem Grund.

Diese Fähigkeit ist entscheidend, um globale Herausforderungen zu verstehen. Viele Probleme existieren nicht isoliert – sie sind miteinander verknüpft. Armut ist nicht bloß eine wirtschaftliche Frage, sondern ein Symptom struktureller Ungleichheit. Migration ist nicht nur ein politisches Thema, sondern oft eine direkte Folge von Konflikten, Klimawandel und Ressourcenknappheit. Erst durch kritisches Denken erkennen wir diese Zusammenhänge und können Lösungen entwickeln, die Ursachen bekämpfen statt nur Symptome zu lindern.

Kritisches Denken lässt sich trainieren. Der bewusste Perspektivwechsel hilft, Meinungen zu überprüfen und andere Blickwinkel zu verstehen. Die Überprüfung von Quellen schützt vor Fehlinformationen und gezielter Manipulation. Die Bereitschaft, Unsicherheit zu akzeptieren, ermöglicht es, Wissen ständig weiterzuentwickeln, statt sich an unbegründeten Überzeugungen festzuklammern. Es erfordert Mut, sich selbst infrage zu stellen – doch genau dieser Mut führt zu echtem Erkenntnisgewinn.

In einer Zeit, in der politische und wirtschaftliche Interessen oft darauf abzielen, Menschen durch gezielte Narrative zu steuern, ist kritisches Denken unerlässlich. Wer bewusst hinterfragt, trägt dazu bei, Debatten differenzierter zu führen, Vorurteile abzubauen und Entscheidungen fundiert zu treffen. Die Welt braucht nicht nur kluge Menschen – sie braucht Menschen, die bereit sind, ihre Denkmuster zu überdenken und aktiv nach Lösungen zu suchen, die über kurzfristige Effekte hinausgehen.

Kritisches Denken ist nicht nur eine Technik – es ist der Schlüssel zu einer bewussteren, gerechteren Welt. Wer es beherrscht, schützt sich vor Manipulation, entdeckt neue Perspektiven und kann aktiv zur Gestaltung gesellschaftlicher Entwicklungen beitragen. Es ist nicht nur eine persönliche Fähigkeit, sondern eine Grundlage für Veränderung. Die Welt braucht Menschen, die nicht blind folgen, sondern reflektiert handeln. Genau hier beginnt echter Fortschritt.

8.0. WEGE ZUR SELBSTBESTIMMUNG UND FREIEM DENKEN

Die Kunst des Perspektivwechsels – Warum wir die Welt anders sehen müssen

Das menschliche Denken bewegt sich oft in vorgeprägten Bahnen. Wir sehen die Welt durch den Filter unserer Überzeugungen, Erfahrungen und kulturellen Prägungen, und es scheint selbstverständlich, dass unsere Sichtweise „richtig" ist. Doch genau diese Selbstverständlichkeit kann ein Hindernis sein. Die Fähigkeit, unsere Denkmuster zu hinterfragen und die Welt aus einer anderen Perspektive zu betrachten, ist nicht nur eine intellektuelle Herausforderung, sondern auch eine moralische Notwendigkeit, um Empathie und Verständnis für die Vielfalt menschlicher Erfahrungen zu entwickeln.

Ein Perspektivwechsel beginnt mit der Erkenntnis, dass unsere Wahrnehmung nicht objektiv ist. Sie ist geprägt von unserer Sozialisation, unseren persönlichen Erlebnissen und den Narrativen, die wir von unserer Umgebung übernommen haben. Was für uns selbstverständlich erscheint, ist oft das Ergebnis dieser Prägungen – nicht unbedingt eine universelle Wahrheit. Viele Menschen neigen dazu, ihre eigene Sichtweise als die einzig gültige zu betrachten, ohne zu erkennen, dass andere mit unterschiedlichen Erfahrungen und Lebensrealitäten ganz andere Schlussfolgerungen ziehen.

Doch der Perspektivwechsel ist mehr als nur eine intellektuelle Übung – er ist ein Akt der Befreiung. Er bedeutet, aus den engen Grenzen unseres eigenen Denkens auszubrechen und neue Möglichkeiten zu erkunden. Das Verlassen vertrauter Gedankenstrukturen kann beängstigend sein, weil es die Illusion von Sicherheit erschüttert, doch es ist auch die Voraussetzung für Wachstum. Wer sich nicht erlaubt, über seine bestehenden Überzeugungen hinauszudenken, bleibt in festen Mustern gefangen, die nicht nur seine eigene Entwicklung hemmen, sondern auch die Fähigkeit zur Zusammenarbeit mit anderen einschränken.

Den Blickwinkel zu wechseln erfordert Mut – den Mut, sich selbst infrage zu stellen. Es bedeutet, die eigenen Überzeugungen nicht als feststehend zu betrachten, sondern als Ausgangspunkt für Reflexion und Entwicklung. Dies kann unangenehm sein, da es oft mit der Erkenntnis einhergeht, dass unsere bisherigen Annahmen nicht so unerschütterlich sind, wie wir glaubten. Die emotionale Bindung an unsere Überzeugungen ist tief verwurzelt, und Kritik daran wird oft als Angriff auf die eigene Identität wahrgenommen. Doch genau hier liegt die Chance: Wer bereit ist, seine Denkmuster zu überdenken, kann nicht nur neue Perspektiven gewinnen, sondern auch Konflikte besser verstehen und konstruktiver lösen.

Der Perspektivwechsel ist eng mit Empathie verbunden. Um die Welt aus einem anderen Blickwinkel zu sehen, müssen wir versuchen, uns in die Lebensrealität anderer hineinzuversetzen. Dies ist besonders herausfordernd, wenn die Unterschiede groß sind – sei es in kultureller, politischer oder sozialer Hinsicht. Doch gerade in dieser Auseinandersetzung liegt die Möglichkeit, unsere eigene Sichtweise zu erweitern. Die Bereitschaft, sich auf fremde Perspektiven einzulassen, fördert nicht nur Verständnis, sondern schafft auch eine Grundlage für Zusammenarbeit und gemeinsames Lernen.

Ein Beispiel für die Notwendigkeit des Perspektivwechsels ist die globale Klimakrise. Viele Menschen betrachten sie aus ihrer eigenen, oft privilegierten Sichtweise – sie sehen die Veränderungen als abstrakte Bedrohung, die wenig mit ihrem direkten Alltag zu tun hat. Doch für andere, besonders in Regionen mit extremen Wetterereignissen und Ressourcenknappheit, sind die Auswirkungen bereits eine existenzielle Realität. Solange wir die Problematik nur aus unserem eigenen Standpunkt betrachten, bleibt sie eine entfernte Herausforderung, die sich leicht ignorieren lässt. Erst wenn wir die Welt aus der Sicht derjenigen betrachten, die bereits unter den Folgen leiden, können wir die Dringlichkeit wirklich erfassen und entsprechend handeln.

Doch Perspektivwechsel ist nicht nur eine individuelle Fähigkeit, sondern auch eine gesellschaftliche Aufgabe. Es geht darum, soziale Strukturen zu hinterfragen, die bestimmte Sichtweisen bevorzugen und andere marginalisieren. Dies zeigt sich besonders in der politischen und wirtschaftlichen Machtverteilung: Wer definiert, welche Perspektive als legitim gilt? Wer bestimmt, welche Themen Aufmerksamkeit erhalten und welche ignoriert werden? Die Fähigkeit, diese Mechanismen zu erkennen und sich ihnen bewusst entgegenzusetzen, ist entscheidend für eine gerechtere und vielfältigere Gesellschaft.

Die Kunst des Perspektivwechsels erfordert Geduld und Offenheit. Es ist nicht immer einfach, sich mit ungewohnten Sichtweisen auseinanderzusetzen, besonders wenn sie unseren bisherigen Überzeugungen widersprechen. Doch echte Veränderung und Wachstum entstehen genau dann, wenn wir bereit sind, unsere Sicherheit zu hinterfragen und neue Denkweisen zuzulassen. Perspektivwechsel ist kein einmaliger Akt — er ist ein kontinuierlicher Prozess, der uns dazu auffordert, die Welt immer wieder neu zu sehen und zu verstehen.

In einer zunehmend vernetzten Welt ist die Fähigkeit zum Perspektivwechsel wichtiger denn je. Globale Herausforderungen verlangen Lösungen, die nicht von einer einzigen Sichtweise, sondern von einem breiten Spektrum an Erfahrungen und Ideen getragen werden. Wer nicht bereit ist, die eigenen Überzeugungen zu hinterfragen und sich mit anderen Perspektiven auseinanderzusetzen, läuft Gefahr, die Realität nicht vollständig zu erfassen und Chancen auf Veränderung zu verpassen.

Doch wie können wir Perspektivwechsel aktiv fördern? Eine Möglichkeit besteht darin, bewusst nach neuen Erfahrungen zu suchen. Reisen, interkulturelle Begegnungen und der Austausch mit Menschen aus unterschiedlichen sozialen Hintergründen können dabei helfen, die eigene Denkweise zu erweitern. Ebenso spielt Bildung eine zentrale Rolle – nicht nur in Form von Faktenwissen, sondern als eine Schulung im kritischen Denken, die es uns ermöglicht, uns selbst und andere besser zu verstehen.

Die zentrale Frage bleibt: Wie können wir lernen, die Welt anders zu sehen? Die Antwort liegt in Reflexion, Dialog und der Bereitschaft, uns selbst zu verändern. Perspektivwechsel ist mehr als eine Technik – es ist eine Haltung, die es uns ermöglicht, die Vielfalt menschlicher Erfahrungen anzuerkennen und zu respektieren. Es ist der Schlüssel, um nicht nur unser eigenes Denken zu erweitern, sondern auch die Welt um uns herum gerechter und empathischer zu gestalten. Wer lernt, die eigene Perspektive zu hinterfragen und offen für neue Sichtweisen zu sein, gewinnt nicht nur an Verständnis, sondern auch an Möglichkeiten zur echten Transformation – für sich selbst und für die Gesellschaft.

Das menschliche Denken bewegt sich oft in vorgeprägten Bahnen. Wir sehen die Welt durch den Filter unserer Überzeugungen, Erfahrungen und kulturellen

Prägungen, und es scheint selbstverständlich, dass unsere Sichtweise „richtig" ist. Doch genau diese Selbstverständlichkeit kann ein Hindernis sein. Die Fähigkeit, unsere Denkmuster zu hinterfragen und die Welt aus einer anderen Perspektive zu betrachten, ist nicht nur eine intellektuelle Herausforderung, sondern auch eine moralische Notwendigkeit, um Empathie und Verständnis für die Vielfalt menschlicher Erfahrungen zu entwickeln.

Ein Perspektivwechsel beginnt mit der Erkenntnis, dass unsere Wahrnehmung nicht objektiv ist. Sie ist geprägt von unserer Sozialisation, unseren persönlichen Erlebnissen und den Narrativen, die wir von unserer Umgebung übernommen haben. Was für uns selbstverständlich erscheint, ist oft das Ergebnis dieser Prägungen – nicht unbedingt eine universelle Wahrheit. Viele Menschen neigen dazu, ihre eigene Sichtweise als die einzig gültige zu betrachten, ohne zu erkennen, dass andere mit unterschiedlichen Erfahrungen und Lebensrealitäten ganz andere Schlussfolgerungen ziehen.

Doch der Perspektivwechsel ist mehr als nur eine intellektuelle Übung – er ist ein Akt der Befreiung. Er bedeutet, aus den engen Grenzen unseres eigenen Denkens auszubrechen und neue Möglichkeiten zu erkunden. Das Verlassen vertrauter Gedankenstrukturen kann beängstigend sein, weil es die Illusion von Sicherheit erschüttert, doch es ist auch die Voraussetzung für Wachstum. Wer sich nicht erlaubt, über seine bestehenden Überzeugungen hinauszudenken, bleibt in festen Mustern gefangen, die nicht nur seine eigene Entwicklung hemmen, sondern auch die Fähigkeit zur Zusammenarbeit mit anderen einschränken.

Den Blickwinkel zu wechseln erfordert Mut – den Mut, sich selbst infrage zu stellen. Es bedeutet, die eigenen Überzeugungen nicht als feststehend zu betrachten, sondern als Ausgangspunkt für Reflexion und Entwicklung. Dies kann unangenehm sein, da es oft mit der Erkenntnis einhergeht, dass unsere bisherigen Annahmen nicht so unerschütterlich sind, wie wir glaubten. Die emotionale Bindung an unsere Überzeugungen ist tief verwurzelt, und Kritik daran wird oft als Angriff auf die eigene Identität wahrgenommen. Doch genau hier liegt die Chance: Wer bereit ist, seine Denkmuster zu überdenken, kann nicht nur neue Perspektiven gewinnen, sondern auch Konflikte besser verstehen und konstruktiver lösen.

Der Perspektivwechsel ist eng mit Empathie verbunden. Um die Welt aus einem anderen Blickwinkel zu sehen, müssen wir versuchen, uns in die Lebensrealität anderer hineinzuversetzen. Dies ist besonders herausfordernd, wenn die Unterschiede groß sind – sei es in kultureller, politischer oder sozialer Hinsicht. Doch gerade in dieser Auseinandersetzung liegt die Möglichkeit, unsere eigene Sichtweise zu erweitern. Die Bereitschaft, sich auf fremde Perspektiven einzulassen, fördert nicht nur Verständnis, sondern schafft auch eine Grundlage für Zusammenarbeit und gemeinsames Lernen.

Ein Beispiel für die Notwendigkeit des Perspektivwechsels ist die globale Klimakrise. Viele Menschen betrachten sie aus ihrer eigenen, oft privilegierten Sichtweise – sie sehen die Veränderungen als abstrakte Bedrohung, die wenig mit ihrem direkten Alltag zu tun hat. Doch für andere, besonders in Regionen mit extremen Wetterereignissen und Ressourcenknappheit, sind die Auswirkungen bereits eine existenzielle Realität. Solange wir die Problematik nur aus unserem eigenen Standpunkt betrachten, bleibt sie eine entfernte Herausforderung, die sich leicht ignorieren lässt. Erst wenn wir die Welt aus der Sicht derjenigen betrachten, die bereits unter den Folgen leiden, können wir die Dringlichkeit wirklich erfassen und entsprechend handeln.

Doch Perspektivwechsel ist nicht nur eine individuelle Fähigkeit, sondern auch eine gesellschaftliche Aufgabe. Es geht darum, soziale Strukturen zu hinterfragen, die bestimmte Sichtweisen bevorzugen und andere marginalisieren. Dies zeigt sich besonders in der politischen und wirtschaftlichen Machtverteilung: Wer definiert, welche Perspektive als legitim gilt? Wer bestimmt, welche Themen Aufmerksamkeit erhalten und welche ignoriert werden? Die Fähigkeit, diese Mechanismen zu erkennen und sich ihnen bewusst entgegenzusetzen, ist entscheidend für eine gerechtere und vielfältigere Gesellschaft.

Die Kunst des Perspektivwechsels erfordert Geduld und Offenheit. Es ist nicht immer einfach, sich mit ungewohnten Sichtweisen auseinanderzusetzen, besonders

wenn sie unseren bisherigen Überzeugungen widersprechen. Doch echte Veränderung und Wachstum entstehen genau dann, wenn wir bereit sind, unsere Sicherheit zu hinterfragen und neue Denkweisen
zuzulassen. Perspektivwechsel ist kein einmaliger Akt –
er ist ein kontinuierlicher Prozess, der uns dazu auffordert, die Welt immer wieder neu zu sehen und zu verstehen.

In einer zunehmend vernetzten Welt ist die Fähigkeit
zum Perspektivwechsel wichtiger denn je. Globale Herausforderungen verlangen Lösungen, die nicht von einer einzigen Sichtweise, sondern von einem breiten
Spektrum an Erfahrungen und Ideen getragen werden.
Wer nicht bereit ist, die eigenen Überzeugungen zu hinterfragen und sich mit anderen Perspektiven auseinanderzusetzen, läuft Gefahr, die Realität nicht vollständig
zu erfassen und Chancen auf Veränderung zu verpassen.

Doch wie können wir Perspektivwechsel aktiv fördern?
Eine Möglichkeit besteht darin, bewusst nach neuen Erfahrungen zu suchen. Reisen, interkulturelle Begegnungen und der Austausch mit Menschen aus unterschiedlichen sozialen Hintergründen können dabei helfen, die
eigene Denkweise zu erweitern. Ebenso spielt Bildung
eine zentrale Rolle – nicht nur in Form von Faktenwissen, sondern als eine Schulung im kritischen Denken,
die es uns ermöglicht, uns selbst und andere besser zu
verstehen.

Die zentrale Frage bleibt: Wie können wir lernen, die Welt anders zu sehen? Die Antwort liegt in Reflexion, Dialog und der Bereitschaft, uns selbst zu verändern. Perspektivwechsel ist mehr als eine Technik – es ist eine Haltung, die es uns ermöglicht, die Vielfalt menschlicher Erfahrungen anzuerkennen und zu respektieren. Es ist der Schlüssel, um nicht nur unser eigenes Denken zu erweitern, sondern auch die Welt um uns herum gerechter und empathischer zu gestalten. Wer lernt, die eigene Perspektive zu hinterfragen und offen für neue Sichtweisen zu sein, gewinnt nicht nur an Verständnis, sondern auch an Möglichkeiten zur echten Transformation – für sich selbst und für die Gesellschaft.

Grenzen des Wissens – Warum wir die Unsicherheit akzeptieren müssen

Wissen ist eine der mächtigsten Ressourcen, die der Menschheit zur Verfügung stehen. Es hat unser Verständnis von der Welt revolutioniert, zu technologischem Fortschritt geführt und komplexe Probleme gelöst. Doch trotz seiner Stärke gibt es Grenzen – und diese Grenzen sind oft schwer zu akzeptieren. Die Fähigkeit, sich mit der Unsicherheit von Wissen auseinanderzusetzen, ist entscheidend für persönliches und gesellschaftliches Wachstum.

Das Streben nach Wissen ist geprägt von dem Wunsch nach Kontrolle und Vorhersagbarkeit. Der Mensch möchte die Welt um sich herum verstehen, um sie zu beherrschen. Doch diese Gewissheit ist oft trügerisch. Unsere Wissenschaft, Technologien und Ideologien bieten viele Antworten, aber es gibt immer Bereiche, in denen wir auf Fragen stoßen, die sich nicht vollständig beantworten lassen. Dieses Spannungsfeld zwischen dem Bekannten und dem Unbekannten ist ein zentraler Bestandteil des menschlichen Daseins.

Die Wissenschaft selbst zeigt die Grenzen des Wissens besonders deutlich. Während viele naturwissenschaftliche Prinzipien bewiesen und angewendet werden können, bleiben einige der größten Fragen unbeantwortet – beispielsweise die Geheimnisse des Universums oder die genaue Natur des Bewusstseins. Diese Grenzen sollten nicht als Scheitern gesehen werden, sondern als

Einladung, die Welt weiter zu erforschen und unsere Perspektiven zu erweitern.

Neben der Wissenschaft gibt es auch soziale und kulturelle Grenzen des Wissens. Ideologien und Glaubenssysteme behaupten oft, Antworten auf die fundamentalen Fragen des Lebens zu haben. Doch diese Antworten sind selten universell, sondern geprägt durch kulturellen Kontext, Machtstrukturen und historische Entwicklungen. Das blinde Festhalten an vorgefertigten Wahrheiten verhindert die Anerkennung der Unsicherheit und beschränkt unseren Fortschritt.

Unsicherheit ist nicht nur ein Hindernis, sondern auch eine Chance. Sie zwingt uns, ständig zu reflektieren und neue Ansätze zu suchen. Viele Durchbrüche in Kunst, Wissenschaft und Philosophie entstanden durch das Anerkennen der Grenzen und das mutige Streben nach neuen Perspektiven. Die Bereitschaft, Unsicherheit zu akzeptieren, erfordert emotionalen und intellektuellen Mut. Es bedeutet, sich mit dem Unbekannten auseinanderzusetzen und die eigene Komfortzone zu verlassen.

Die Akzeptanz der Grenzen des Wissens ermöglicht auch Demut. Sie erinnert uns daran, dass wir trotz aller Fortschritte nicht alles wissen können. Diese Haltung ist entscheidend, um dogmatisches Denken zu vermeiden und Raum für Dialog und Zusammenarbeit zu schaffen. Sie lässt uns erkennen, dass jeder Mensch, jede Kultur und jede Disziplin einen einzigartigen Beitrag zum Verständnis der Welt leisten kann.

Schließlich liegt in der Unsicherheit das Potenzial für Kreativität. Wenn Wissen begrenzt ist, bleibt Raum für Vorstellungskraft und neue Ideen. Die größten Entdeckungen und Innovationen entstehen oft aus Fragen, die noch keine Antworten haben. Indem wir die Grenzen des Wissens akzeptieren, öffnen wir die Tür zu einer Welt voller Möglichkeiten.

Die Erkenntnis, dass Wissen begrenzt ist, sollte nicht als Schwäche, sondern als Stärke verstanden werden. Sie erinnert uns daran, dass das Streben nach Verständnis nie endet und dass die Unsicherheit ein entscheidender Bestandteil dieses Prozesses ist. Indem wir die Grenzen akzeptieren, schaffen wir Raum für Wachstum, Innovation und echte Reflexion.

Reflexion als Werkzeug – Warum Nachdenken essenziell ist

In einer Welt, die zunehmend von Geschwindigkeit geprägt ist, scheint die Zeit für Reflexion zu schwinden. Entscheidungen müssen schnell getroffen werden, Informationen werden oberflächlich verarbeitet, und der Druck, ständig produktiv zu sein, lässt wenig Raum für tiefes Nachdenken. Doch gerade diese Reflexion – das bewusste Zurücktreten, das Hinterfragen und Analysieren – ist eine der essenziellsten Fähigkeiten des Menschen. Sie ist der Schlüssel zu einem bewussten Leben und einem tieferen Verständnis von uns selbst und der Welt um uns herum.

Reflexion beginnt mit der Fähigkeit, innezuhalten. In einer Zeit, in der immer neue Informationen auf uns einprasseln, ist es leicht, in einem Strudel von Eindrücken unterzugehen. Ohne Reflexion werden wir zu bloßen Reagierenden, die auf äußere Reize antworten, ohne wirklich zu verstehen, was hinter ihnen steckt. Das Nachdenken ermöglicht es uns, nicht nur auf das Offensichtliche zu schauen, sondern die tieferliegenden Muster und Zusammenhänge zu erkennen. Es hilft uns, nicht einfach mit dem Strom zu schwimmen, sondern bewusst die Richtung zu wählen, die wir einschlagen wollen.

Die Fähigkeit zur Reflexion ist eng mit der Frage nach unseren Werten und Überzeugungen verbunden. Was treibt uns an? Welche Ziele verfolgen wir, und warum? Viel zu oft leben Menschen nach Normen und Regeln, die sie nie hinterfragt haben. Reflexion bedeutet, diesen Automatismus zu durchbrechen und sich selbst ehrlich zu fragen, ob die Werte, nach denen wir handeln, wirklich unsere eigenen sind. Es bedeutet, alte Denkmuster infrage zu stellen und Platz für neue Perspektiven zu schaffen. In einer sich ständig verändernden Welt ist diese Fähigkeit von unschätzbarem Wert.

Reflexion ist auch ein essenzielles Werkzeug, um mit Fehlern umzugehen. Jeder Mensch macht Fehler – das ist unvermeidlich. Doch der Umgang mit ihnen entscheidet, ob wir daraus lernen oder sie einfach verdrängen. Durch Reflexion können wir analysieren, warum ein Fehler passiert ist, welche Konsequenzen er hatte und wie wir in Zukunft anders handeln können. Dieser Prozess erfordert Mut und Ehrlichkeit, denn es ist nicht immer angenehm, sich mit den eigenen Schwächen auseinanderzusetzen. Doch genau diese Auseinandersetzung ist der Schlüssel zur persönlichen Weiterentwicklung.

Auf gesellschaftlicher Ebene ist Reflexion ebenso wichtig. Die großen Umbrüche und Fortschritte der Menschheitsgeschichte waren oft das Ergebnis kollektiven Nachdenkens. Gesellschaften, die bereit sind, ihre Strukturen und Normen zu hinterfragen, können sich an neue Herausforderungen anpassen und wachsen. Ohne Reflexion bleiben sie in überholten Denkmustern gefangen, die Fortschritt blockieren und Ungerechtigkeit festigen. Die Fähigkeit, gesellschaftliche Muster kritisch zu analysieren, ist daher eine Grundvoraussetzung für soziale Gerechtigkeit und nachhaltigen Wandel.

Doch Reflexion ist nicht nur ein Mittel zur Problemlösung. Sie ist auch eine Quelle von Kreativität und Inspiration. Viele der größten Ideen und Entdeckungen der Menschheit entstanden in Momenten der Stille, in denen Raum für tiefes Nachdenken war. Reflexion erlaubt es uns, über das Offensichtliche hinauszugehen und neue Verbindungen zu sehen, die uns vorher verborgen waren. Sie ist ein Fenster zu einer tieferen Ebene des Denkens, das nicht durch äußeren Druck, sondern durch innere Neugier und Offenheit angetrieben wird.

In einer schnelllebigen Welt ist Reflexion jedoch keine Selbstverständlichkeit. Sie erfordert Zeit und Geduld – zwei Ressourcen, die oft knapp sind. Doch gerade deshalb ist es umso wichtiger, sie bewusst zu kultivieren. Reflexion kann durch einfache Gewohnheiten gefördert werden, wie das Schreiben eines Tagebuchs, das Führen von Gesprächen, die uns herausfordern, oder das bewusste Innehalten und Nachdenken über den Tag. Es geht nicht darum, immer die perfekten Antworten zu finden, sondern darum, die richtigen Fragen zu stellen und offen für neue Erkenntnisse zu sein.

Reflexion ist mehr als nur Nachdenken – sie ist ein Akt der Selbstermächtigung. Sie gibt uns die Möglichkeit, unser Leben bewusst zu gestalten, statt es einfach geschehen zu lassen. Sie befähigt uns, uns selbst besser zu verstehen, unsere Beziehungen zu verbessern und die Welt mit klareren Augen zu sehen. In einer Zeit, die von Oberflächlichkeit und Hast geprägt ist, ist Reflexion vielleicht eines der kraftvollsten Werkzeuge, das uns zur Verfügung steht.

Am Ende ist Reflexion eine Einladung – eine Einladung, tiefer zu gehen, bewusster zu leben und die unbequemen, aber essenziellen Fragen zu stellen, die unser Wachstum ermöglichen. Sie ist keine Last, sondern ein Privileg, das uns die Möglichkeit gibt, nicht nur unser Denken, sondern auch unser Leben zu transformieren.

Bewusste Entscheidungen – Wie wir Kontrolle über unser Handeln gewinnen

Jeden Tag treffen wir Hunderte von Entscheidungen, von den kleinsten bis hin zu den lebensverändernden. Doch wie viele davon sind wirklich bewusst? Wie oft handeln wir, ohne darüber nachzudenken, warum wir tun, was wir tun? In einer Welt, die von Hektik und Ablenkungen geprägt ist, fällt es schwer, innezuhalten und unsere Entscheidungen bewusst zu reflektieren. Doch die Fähigkeit, unsere Handlungen aktiv zu steuern, ist essenziell, um ein authentisches und erfülltes Leben zu führen.

Bewusste Entscheidungen erfordern zunächst Klarheit. Sie verlangen, dass wir uns darüber im Klaren sind, was wir wollen und warum wir es wollen. Diese Klarheit ist oft schwer zu erreichen, denn unser Denken wird von unbewussten Einflüssen wie sozialen Normen, Prägungen und Emotionen gelenkt. Oft treffen wir Entscheidungen nicht auf Grundlage unserer eigenen Werte und Ziele, sondern weil wir uns anpassen oder Erwartungen erfüllen wollen. Um bewusster zu entscheiden, müssen wir uns diese Mechanismen bewusst machen und sie hinterfragen.

Ein zentraler Schritt, um Kontrolle über unsere Handlungen zu gewinnen, ist die Fähigkeit zur Selbstreflexion. Was motiviert uns? Welche Prioritäten setzen wir? Und welche äußeren Einflüsse bestimmen unsere Entscheidungen? Ohne diese Reflexion laufen wir Gefahr, unser Leben von Automatismen und externen

Kräften steuern zu lassen. Selbstreflexion bedeutet, innezuhalten und sich die Zeit zu nehmen, die eigenen Beweggründe zu analysieren. Es ist der Prozess, durch den wir unser Denken und Handeln in Einklang bringen und bewusste Entscheidungen treffen können.

Doch bewusste Entscheidungen erfordern nicht nur Reflexion, sondern auch Mut. Mut, gegen den Strom zu schwimmen, wenn die eigenen Überzeugungen nicht mit den Erwartungen anderer übereinstimmen. Mut, sich für das Ungewisse zu entscheiden, wenn das Bekannte zwar bequem, aber nicht erfüllend ist. Mut, die Verantwortung für die eigenen Entscheidungen zu übernehmen, auch wenn die Konsequenzen schwer zu tragen sind. Kontrolle über unser Handeln zu gewinnen bedeutet nicht, immer die richtige Entscheidung zu treffen, sondern diejenige, die authentisch ist und unseren Werten entspricht.

Ein weiterer wichtiger Aspekt bewusster Entscheidungen ist die Fähigkeit, zwischen kurzfristigen Impulsen und langfristigen Zielen zu unterscheiden. Viele unserer Entscheidungen werden von unmittelbaren Bedürfnissen und Wünschen beeinflusst – sei es der Griff zum Smartphone, um eine Benachrichtigung zu checken, oder die Wahl eines bequemen, aber wenig sinnvollen Wegs. Bewusste Entscheidungen setzen voraus, dass wir innehalten und darüber nachdenken, ob unsere Handlung tatsächlich mit unseren langfristigen Zielen übereinstimmt. Dieser Prozess ist nicht immer einfach, besonders in einer Welt voller Ablenkungen, doch er ist entscheidend, um Kontrolle über unser Leben zu gewinnen.

Auf gesellschaftlicher Ebene sind bewusste Entscheidungen ebenso wichtig wie auf individueller. Die großen Herausforderungen unserer Zeit – von der Klimakrise bis hin zur sozialen Ungleichheit – erfordern, dass wir unsere Handlungen nicht einfach automatisiert oder von Emotionen geleitet treffen, sondern bewusst reflektieren, welche Auswirkungen sie auf die Welt um uns herum haben. Entscheidungen wie nachhaltiger Konsum oder politisches Engagement können nur dann wirkungsvoll sein, wenn sie auf bewusster Reflexion und Verantwortung beruhen.

Die Fähigkeit, bewusst zu entscheiden, ist auch eng mit unserer emotionalen Intelligenz verbunden. Um authentische Entscheidungen zu treffen, müssen wir nicht nur unsere Gedanken, sondern auch unsere Gefühle verstehen. Was löst in uns Freude, Angst oder Unsicherheit aus? Welche Emotionen treiben uns zu bestimmten Handlungen? Indem wir unsere Gefühle wahrnehmen und reflektieren, können wir uns von impulsiven Reaktionen lösen und Entscheidungen treffen, die wirklich zu uns passen.

Doch bewusste Entscheidungen sind kein einmaliger Akt – sie sind ein kontinuierlicher Prozess. Sie erfordern, dass wir uns immer wieder fragen, ob unsere Handlungen in Einklang mit unseren Werten, Zielen und Überzeugungen stehen. Dieser Prozess mag anstrengend sein, doch er ist die Grundlage für ein Leben, das nicht von äußeren Umständen diktiert wird, sondern von innerer Klarheit und Authentizität geprägt ist.

Am Ende ist die Fähigkeit, bewusste Entscheidungen zu treffen, mehr als eine Technik – sie ist eine Haltung, die uns befähigt, unser Leben aktiv zu gestalten, statt es einfach geschehen zu lassen. Sie gibt uns die Kontrolle über unser Handeln zurück und ermöglicht es uns, ein Leben zu führen, das wirklich unseren Werten und Zielen entspricht.

9.0. NACHHALTIGE VISIONEN

Interdependenz von Denken und Handeln – Globale Verantwortung als Grundlage

Unsere Welt ist eng miteinander verknüpft – jede Entscheidung, sei es individuell oder kollektiv, hat Auswirkungen, die weit über nationale Grenzen hinausgehen. Die globale Verantwortung entsteht aus der tiefen Verbindung zwischen Denken und Handeln. Indem wir verstehen, wie unser Denken unser Handeln beeinflusst und umgekehrt, können wir nachhaltige Lösungen für globale Probleme wie Klimawandel, Armut und soziale Ungleichheit schaffen.

Die Kraft des Denkens als Basis für Veränderung
Unsere Handlungen sind ein direktes Ergebnis unserer Überzeugungen und Werte. Die Fähigkeit, kritisch zu denken und die eigene Perspektive zu hinterfragen, ist entscheidend, um die Auswirkungen unserer Entscheidungen zu erkennen. Individuelles Denken formt die kollektive Handlung – und kollektives Handeln kann globale Herausforderungen entweder verschärfen oder lösen.

Globale Krisen erfordern gemeinsames Handeln
Die Klimakrise und weltweite soziale Ungerechtigkeiten sind Beispiele für Probleme, die durch nationale

Selbstinteressen verstärkt werden. Während einige Länder erhebliche Ressourcen besitzen, um Klimafolgen zu bewältigen, leiden andere unverhältnismäßig unter deren Auswirkungen. Dies zeigt die Notwendigkeit eines globalen Ansatzes. Durch gemeinsames Denken und Handeln können wir Ressourcen gerechter verteilen und effektive Lösungen schaffen, die über nationale Grenzen hinaus wirken.

Eine Welt ohne Ländergrenzen als Vision
Die Abschaffung von Ländergrenzen könnte eine Grundlage für globale Verantwortung schaffen. Ohne nationale Barrieren wäre eine fairere Ressourcennutzung möglich, wirtschaftliche Ungleichheiten könnten verringert werden, und Migration würde als Chance statt als Krise betrachtet. Dieses Konzept fördert nicht nur die Zusammenarbeit, sondern baut Vorurteile und Nationalismus ab, indem es die Menschheit als Einheit betrachtet.

Bildung als Schlüssel zur globalen Verantwortung
Eine nachhaltige Welt erfordert Bildung, die den Wert globaler Zusammenarbeit und Vielfalt betont. Durch Bildung können Vorurteile und extremistische Denkmuster abgebaut werden, während das Verständnis für die Interdependenz unserer Welt gefördert wird. Bildungssysteme, die auf globalen Werten basieren, können zukünftige Generationen befähigen, Verantwortung für die gesamte Menschheit zu übernehmen.

Statistiken und Belege

Laut der Weltbank könnten bis 2030 Hunger und extreme Armut weltweit beseitigt werden, wenn Ressourcen effizienter verteilt würden.

Die Vereinten Nationen berichten, dass Entwicklungsländer weniger als 2 % der globalen CO_2-Emissionen verursachen, jedoch am stärksten von deren Auswirkungen betroffen sind.

Eine vereinte Menschheit als Ziel
Die Interdependenz von Denken und Handeln zeigt, dass die Menschheit als Einheit handeln muss, um globale Probleme zu lösen. Eine Welt ohne Grenzen und mit einem gemeinsamen Fokus auf Nachhaltigkeit, Toleranz und Zusammenarbeit könnte nicht nur Armut und Hunger beseitigen, sondern auch Vorurteile und Extremismus abbauen.

Globale Verantwortung beginnt mit der Erkenntnis, dass unser Denken und Handeln miteinander verbunden sind. Indem wir diese Verbindung nutzen, können wir die Grundlage für eine nachhaltige und gerechte Zukunft schaffen. Dieses Kapitel zeigt, wie individuelle Reflexion und kollektive Zusammenarbeit zu einer weltweiten Transformation führen können.

Abschaffung von Ländergrenzen – Eine Welt ohne Trennlinien

Grenzen sind tief in unserem Denken verankert. Sie bestimmen, wer dazugehört und wer ausgeschlossen wird, welche Ressourcen zugänglich sind und welche verwehrt bleiben. Sie schaffen künstliche Trennlinien, die Konflikte fördern und Zusammenarbeit erschweren. Doch was wäre, wenn diese Grenzen verschwinden würden? Eine Welt ohne nationale Barrieren könnte nicht nur wirtschaftliche und soziale Ungleichheiten abbauen, sondern auch die Grundlage für eine global geeinte Menschheit schaffen.

Warum Grenzen ein Hindernis sind
Seit Jahrhunderten wurden Grenzen errichtet, um Territorien zu sichern und Machtstrukturen zu etablieren. Doch in einer zunehmend vernetzten Welt, in der die größten Herausforderungen – Klimawandel, Armut, Ungerechtigkeit – globale Lösungen erfordern, werden diese alten Trennlinien zum Problem. Grenzen erschweren den freien Zugang zu Ressourcen, verhindern wirtschaftlichen Austausch und treiben politische Spannungen an. Sie sind nicht nur physische Barrieren, sondern auch mentale Konstrukte, die Nationalismus und Konkurrenzdenken fördern.

Die Vorteile einer Welt ohne Grenzen
Eine Welt ohne Ländergrenzen könnte neue Möglichkeiten für Zusammenarbeit, Gleichheit und Fortschritt eröffnen.

Freie Mobilität: Menschen könnten sich frei bewegen, dort leben und arbeiten, wo sie gebraucht werden oder bessere Chancen haben. Migration würde nicht mehr als Krise betrachtet, sondern als natürlicher Bestandteil einer globalen Gesellschaft.

Ressourcen gerechter verteilen: Statt Rohstoffe und Reichtümer nach nationalen Interessen zu horten, könnten sie effizienter genutzt und weltweit verteilt werden.

Wirtschaftliche Stabilität schaffen: Einheitliche Regelungen für Handel und Arbeit könnten wirtschaftliche Ungleichheiten verringern und Wohlstand gerechter verteilen.

Abbau von Intoleranz und Extremismus: Ohne Grenzen würden künstliche Trennlinien verschwinden, die Feindbilder und Nationalismus fördern. Menschen könnten sich als Teil einer gemeinsamen Weltgemeinschaft sehen, statt in voneinander getrennten Systemen.

Eine neue Form der globalen Regierung
Die Abschaffung von Ländergrenzen erfordert eine grundlegende Neugestaltung politischer Strukturen. Eine weltweite Verwaltung müsste demokratische Entscheidungsprozesse ermöglichen und sicherstellen, dass alle Menschen gleichberechtigt repräsentiert werden. Ein solches System könnte Machtkonzentrationen abbauen und verhindern, dass einzelne Regionen oder Gruppen überproportional profitieren. Gleichzeitig

müssten regionale Identitäten bewahrt werden, damit kulturelle Vielfalt erhalten bleibt und lokales Wissen nicht verloren geht.

Herausforderungen und Widerstände
Natürlich würde eine solche Transformation nicht ohne Widerstand erfolgen. Nationalstaaten verteidigen ihre Souveränität, bestehende Machtstrukturen würden sich gegen Veränderungen stellen. Auch wirtschaftliche Interessen könnten sich entgegenstellen, da internationale Konzerne und Eliten vom aktuellen System profitieren. Doch solche Widerstände sind kein Argument gegen den Wandel – vielmehr zeigen sie, wie tief verwurzelt die Vorstellung von Trennung und Exklusivität ist. Fortschritt entsteht durch das Überwinden solcher Barrieren.

Praktische Ansätze für den Übergang

Regionale Kooperationen ausbauen: Schrittweise könnten Länder bestehende wirtschaftliche und soziale Zusammenarbeit vertiefen, bis nationale Grenzen zunehmend irrelevant werden.

Bildung und Bewusstsein fördern: Menschen müssten lernen, über ihr unmittelbares Umfeld hinauszudenken und sich als Teil einer größeren Gemeinschaft zu verstehen.

Globale Technologien nutzen: Digitale Plattformen könnten helfen, Verwaltung, Handel und soziale Sicherheit international zu koordinieren und Bürokratie zu minimieren.

Die Vision einer geeinten Menschheit

Die Abschaffung von Grenzen bedeutet nicht die Auflösung kultureller Identitäten oder individuelle Selbstbestimmung – im Gegenteil, sie würde eine Welt schaffen, in der Menschen nicht mehr durch willkürliche territoriale Einschränkungen limitiert sind. Eine globale Gesellschaft, die auf Zusammenarbeit statt auf Konkurrenz basiert, könnte endlich die Herausforderungen angehen, die uns alle betreffen. Grenzen sind keine Naturgesetze – sie sind Konstrukte, die wir überwinden können. Eine geeinte Welt wäre nicht nur gerechter, sondern auch friedlicher und nachhaltiger.

Abschaffung von Hunger und Armut – Eine gerechtere Verteilung von Wohlstand und Ressourcen

Hunger und Armut sind zwei der drängendsten Probleme der Menschheit. Während auf der einen Seite Menschen im Überfluss leben, kämpfen Millionen darum, ihre Grundbedürfnisse zu decken. Diese Ungleichheit ist kein unvermeidliches Schicksal, sondern das Resultat von strukturellen Entscheidungen, wirtschaftlichen Machtverhältnissen und nationalen Interessen. Doch was wäre, wenn wir nicht nur Symptome bekämpfen, sondern die Ursachen nachhaltig beseitigen würden?

Warum Hunger und Armut bestehen bleiben
Jedes Jahr werden weltweit genug Lebensmittel produziert, um die gesamte Weltbevölkerung zu ernähren – dennoch leiden mehr als 735 Millionen Menschen unter Hunger. Ebenso ist die globale Wirtschaft leistungsfähig genug, um jedem Menschen einen angemessenen Lebensstandard zu ermöglichen, doch 9,2 % der Weltbevölkerung leben in extremer Armut. Die Ursache liegt nicht in einem Mangel an Ressourcen, sondern in ihrer ungerechten Verteilung. Die Konzentration von Wohlstand in wenigen Händen, wirtschaftliche Abhängigkeiten und politische Interessen führen dazu, dass viele Menschen ausgeschlossen bleiben.

Die Rolle der Grenzen in der Ressourcenverteilung
Nationale Interessen blockieren häufig globale Lösungen. Wohlhabende Länder sichern sich Rohstoffe, technologischen Fortschritt und wirtschaftliche Vorteile,

während ärmere Regionen unter unfairen Handelsprak-tiken, mangelnden Investitionen und politischer Insta-bilität leiden. Eine Welt ohne Grenzen könnte diesen Ungleichheiten entgegenwirken. Ohne territoriale Ein-schränkungen könnten Ressourcen gerechter verteilt und Wissen weltweit zugänglich gemacht werden.

Wie Armut und Hunger abgeschafft werden können

Globale Nahrungssicherung: Derzeit werden bis zu 30 % der produzierten Lebensmittel verschwendet. Durch ef-fizientere Lieferketten und eine bessere Umverteilung könnte Hunger drastisch reduziert werden.

Bildung als Schlüssel: Studien zeigen, dass der Zugang zu Bildung Armut langfristig bekämpft, da Menschen dadurch bessere wirtschaftliche Chancen erhalten.

Faire Wirtschaftssysteme: Anstelle einer von Konkur-renz geprägten Wirtschaft könnten Kooperation und gerechte Ressourcennutzung Wohlstand global zugäng-lich machen.

Nachhaltige Landwirtschaft und Infrastruktur: Investiti-onen in nachhaltige Methoden der Landwirtschaft und moderne Infrastruktur könnten den Zugang zu Nahrung und Wasser deutlich verbessern.

Die Verbindung zwischen Armut und Klimawandel
Der Klimawandel verstärkt wirtschaftliche Ungleichhei-ten. Dürreperioden, Überschwemmungen und andere Naturkatastrophen treffen besonders arme Regionen, die sich gegen solche Krisen kaum schützen können.

Eine nachhaltige Bekämpfung von Armut muss daher auch Klimaschutz beinhalten – durch Investitionen in erneuerbare Energien, klimaresistente Landwirtschaft und umweltfreundliche Stadtplanung.

Eine globale Regierung als Lösung?
Eine zentrale Verwaltung könnte sicherstellen, dass Ressourcen weltweit fair verteilt werden und wirtschaftliche Ungleichheiten reduziert werden. Ein solches System könnte Maßnahmen wie ein globales Grundeinkommen, kostenlose Bildung für alle und faire Handelspraktiken einführen, um Armut und Hunger strukturell zu bekämpfen. Dabei müsste sichergestellt werden, dass nicht einzelne Länder oder Wirtschaftsakteure dominieren, sondern das Wohl der gesamten Menschheit im Vordergrund steht.

Die soziale Dimension von Hunger und Armut
Hunger und Armut sind nicht nur wirtschaftliche Probleme – sie führen zu sozialer Instabilität, Konflikten und Intoleranz. Menschen, die um ihre Existenz kämpfen müssen, haben weniger Zugang zu Bildung, Gesundheitsversorgung und gesellschaftlicher Teilhabe. Die Abschaffung von Armut würde nicht nur Millionen Menschen aus ihrer Not befreien, sondern auch Extremismus und Gewalt reduzieren, da wirtschaftliche Sicherheit eine Grundlage für soziale Stabilität schafft.

Die Vision einer gerechteren Zukunft
Hunger und Armut sind keine unvermeidlichen Realitäten, sondern Herausforderungen, die lösbar sind. Doch dazu müssen wir über bestehende Denkmuster

hinausdenken und wirtschaftliche Strukturen so gestalten, dass sie nicht wenigen, sondern allen Menschen dienen. Eine Welt ohne Grenzen, in der Ressourcen gerecht verteilt und Wohlstand zugänglich gemacht wird, könnte nicht nur materielle Armut beseitigen, sondern auch den Weg zu einer friedlicheren und kooperativeren Gesellschaft ebnen.

Toleranz durch globale Vernetzung – Neue Wege für eine friedliche Koexistenz

Eine der größten Herausforderungen der Menschheit ist der Umgang mit Vielfalt. Kulturelle, religiöse und soziale Unterschiede haben oft Konflikte und Intoleranz hervorgerufen, die zu Ausgrenzung, Diskriminierung und Extremismus geführt haben. Doch in einer zunehmend globalisierten Welt bietet die Vernetzung der Menschheit eine einzigartige Gelegenheit, Vorurteile abzubauen und Toleranz zu fördern. Dieses Kapitel untersucht, wie globale Zusammenarbeit und kulturelle Offenheit zu einer friedlicheren Koexistenz führen können.

Vielfalt als Grundlage für Innovation und Zusammenhalt

Unterschiede zwischen Kulturen, Religionen und Weltanschauungen sind kein Hindernis, sondern eine Ressource. Vielfalt fördert neue Ideen und Perspektiven, die Innovation und Fortschritt ermöglichen. Eine globalisierte Welt, in der Menschen unterschiedlicher Herkunft miteinander kooperieren, kann von diesem Potenzial profitieren. Um diese Stärke zu nutzen, müssen jedoch Vorurteile und Stereotypen abgebaut werden, die Intoleranz und Nationalismus nähren.

Wie globale Vernetzung Toleranz fördert

Erziehung zur Vielfalt: Bildung spielt eine Schlüsselrolle, um jungen Menschen den Wert kultureller Unterschiede nahe zu bringen. Schulen und Universitäten könnten Lehrpläne einführen, die globale Geschichte, multikulturelle Literatur und interkulturelle Kompetenzen betonen.

Technologie als Brücke: Durch soziale Medien und Online-Plattformen können Menschen aus unterschiedlichen Teilen der Welt direkt miteinander kommunizieren. Dies schafft Möglichkeiten für Dialog und Verständnis, indem persönliche Begegnungen Vorurteile abbauen.

Kulturelle Projekte: Der Austausch durch Musik, Kunst und Sport kann globale Verbindungen stärken und Gemeinsamkeiten betonen. Internationale Festivals und Wettbewerbe können dazu beitragen, eine globale Gemeinschaft zu schaffen, die Unterschiede feiert, statt sie zu problematisieren.

Die Rolle der Abschaffung von Ländergrenzen

Die Abschaffung von Ländergrenzen könnte ein entscheidender Schritt sein, um Intoleranz und Extremismus zu verringern. Grenzen schaffen oft ein „Wir gegen Sie"-Denken, das Feindbilder und Nationalismus verstärkt. Ohne physische und mentale Barrieren wäre es leichter, Menschen als Teil einer gemeinsamen

Menschheit zu betrachten.

Konkrete Vorteile:

Der Fokus würde sich von nationalen Interessen auf globale Ziele verlagern.

Menschen könnten sich frei bewegen, was den interkulturellen Austausch und das gegenseitige Verständnis fördert.

Extremistische Ideologien wie Nationalismus und Nazismus hätten weniger Raum, da ihre Grundlage – die Trennung von Menschen nach Herkunft – nicht mehr existieren würde.

Toleranz als Gegenmittel zu Extremismus

Extremistische Ideologien gedeihen in Umgebungen, die von Angst und Unwissenheit geprägt sind. Indem Bildung und Austausch gefördert werden, könnten Vorurteile reduziert und Radikalisierung verhindert werden.

Ansätze zur Prävention von Extremismus:

Förderung kritischen Denkens: Menschen, die lernen, Informationen zu hinterfragen, sind weniger anfällig für Manipulation durch extremistische Gruppen.

Stärkung lokaler Gemeinschaften: Internationale Zusammenarbeit kann genutzt werden, um wirtschaftliche Ungleichheiten zu verringern – ein häufiger Nährboden für Radikalisierung.

Die Bedeutung von Empathie in einer vernetzten Welt

Toleranz beginnt mit der Fähigkeit, sich in andere hineinzuversetzen. Empathie ermöglicht es uns, die Perspektive anderer zu verstehen und Unterschiede als Bereicherung zu sehen. Projekte wie Austauschprogramme, internationale Freiwilligenarbeit und globale Bildungsinitiativen können Empathie fördern und die Grundlage für friedliche Zusammenarbeit schaffen.

Statistiken und Beispiele

Laut einer Studie des Pew Research Centers tendieren Länder mit hohem Bildungsniveau zu größerer Toleranz gegenüber Einwanderern und Minderheiten.

UNESCO-Programme, die den interkulturellen Dialog fördern, haben gezeigt, dass Bildungsmaßnahmen Vorurteile um bis zu 60 % reduzieren können.

In Regionen mit hohen Migrationsraten haben Gemeinschaftsprojekte, die den Dialog zwischen Einheimischen und Migranten fördern, das Konfliktpotenzial deutlich gesenkt.

Eine Welt vereint durch Toleranz

Globale Vernetzung kann eine Welt schaffen, in der Unterschiede nicht trennen, sondern verbinden. Bildung, Technologie und kultureller Austausch bieten die Werkzeuge, um Vorurteile zu überwinden und eine friedlichere Koexistenz zu fördern. Die Abschaffung von Ländergrenzen könnte diese Bemühungen unterstützen, indem sie die Basis für ein globales Miteinander schafft. Letztendlich ist Toleranz der Schlüssel zu einer Welt, in der Vielfalt nicht nur akzeptiert, sondern geschätzt wird.

Dieses Kapitel zeigt, wie die Menschheit durch Zusammenarbeit, Bildung und Empathie ein neues Kapitel globaler Solidarität schreiben kann. Eine Welt ohne Barrieren, in der Toleranz als universeller Wert gelebt wird, ist kein utopisches Ideal, sondern eine erreichbare Vision.
Lass uns diese Vision gemeinsam gestalten.

Nachhaltiges Denken – Der Schlüssel zu einer gerechten Zukunft

Nachhaltigkeit ist längst kein reines Umweltkonzept mehr – sie umfasst soziale, wirtschaftliche und politische Aspekte, die gemeinsam die Grundlage für eine gerechte und stabile Zukunft bilden. Doch um echte Veränderung zu bewirken, muss nachhaltiges Denken zur Norm werden. Es erfordert, dass wir nicht nur an den Moment denken, sondern langfristige Konsequenzen berücksichtigen und unsere Entscheidungen daran ausrichten.

Warum kurzfristiges Denken problematisch ist
Die Menschheit hat sich über Jahrhunderte hinweg oft auf unmittelbare Lösungen konzentriert. Wirtschaftssysteme beruhen auf kurzfristigem Profit, politische Entscheidungen sind auf Wahlzyklen begrenzt, und viele Menschen handeln aus Bequemlichkeit, ohne an langfristige Auswirkungen zu denken. Doch genau dieses Denken hat uns in die heutige Lage gebracht: Klimakrise, Ressourcenknappheit und soziale Ungleichheit sind direkte Folgen davon, dass kurzfristige Vorteile über nachhaltige Stabilität gestellt wurden.

Die Verbindung zwischen Nachhaltigkeit und globaler Verantwortung
Nachhaltiges Denken bedeutet, nicht nur die eigenen Interessen zu sehen, sondern das große Ganze. Es geht um gerechte Ressourcennutzung, um soziale Fairness und um wirtschaftliche Systeme, die nicht auf Ausbeutung, sondern auf gemeinsamer Entwicklung basieren.

Ohne diese Haltung bleiben viele Probleme ungelöst – sei es die Umweltzerstörung, die wachsende soziale Kluft oder wirtschaftliche Instabilität.

Wie nachhaltiges Denken die Welt verändert

Umweltschutz als Priorität: Klimawandel ist kein Zukunftsthema, sondern Realität. Nachhaltiges Denken bedeutet, dass wir auf erneuerbare Energien setzen, Ressourcen schonen und ökologische Lösungen priorisieren.

Wirtschaft mit langfristigem Nutzen: Statt kurzfristige Gewinne zu maximieren, könnten Unternehmen und Staaten auf nachhaltige Wirtschaftsmodelle setzen, die Wohlstand für alle schaffen.

Gerechte Verteilung von Wohlstand: Nachhaltiges Denken erkennt, dass wirtschaftliche Ungleichheit langfristig für alle schädlich ist. Wer Wohlstand gerechter verteilt, schafft stabilere Gesellschaften.

Bildung für nachhaltiges Handeln: Menschen müssen lernen, wie ihre Entscheidungen die Zukunft beeinflussen – von Konsumgewohnheiten über politische Einstellungen bis hin zur eigenen Lebensweise.

Technologie als Werkzeug für Nachhaltigkeit Innovationen spielen eine entscheidende Rolle, um nachhaltige Systeme zu entwickeln. Digitale Lösungen könnten helfen, Ressourcen effizienter zu nutzen, CO_2-Emissionen zu senken und Bildung weltweit zugänglich zu machen. Doch Technologie allein reicht nicht aus –

sie muss bewusst eingesetzt werden, damit sie nicht Teil des Problems, sondern Teil der Lösung wird.

Die Herausforderung: Widerstand gegen Veränderung
Nachhaltiges Denken erfordert Umstellungen, die oft auf Widerstand stoßen. Politische und wirtschaftliche Interessen verteidigen den Status quo, Menschen sind in bequemen Gewohnheiten verankert, und viele sehen den Nutzen nachhaltiger Prinzipien erst, wenn die negativen Konsequenzen unvermeidbar sind. Doch genau hier liegt die Chance: Wer heute handelt, kann die Zukunft aktiv gestalten, statt sich später mit den Folgen der Untätigkeit zu konfrontieren.

Eine Welt mit einer gemeinsamen Vision
Nachhaltiges Denken bedeutet nicht Verzicht, sondern bewusste Entscheidungen für eine bessere Zukunft. Es ist die Grundlage, um globale Herausforderungen zu bewältigen, Ungleichheiten zu reduzieren und eine gerechtere Gesellschaft zu schaffen. Wer über den Moment hinausblickt, erkennt, dass jede Handlung heute Auswirkungen auf morgen hat. Und genau darin liegt die Verantwortung der Menschheit – eine Welt zu erschaffen, die nicht nur für uns, sondern für kommende Generationen lebenswert bleibt.

Dieses Kapitel zeigt, dass nachhaltiges Denken mehr ist als eine Strategie – es ist eine neue Art, die Welt zu sehen und aktiv zu gestalten. Es ist der Schlüssel für langfristigen Fortschritt und für eine Zukunft, die nicht auf kurzfristige Gewinne, sondern auf gemeinsames Wachstum basiert.

10.0. DIE ZUKUNFT BEGINNT MIT UNS

Globale Politik und Machtdynamiken – Herausforderungen und neue Perspektiven

Eine Welt ohne nationale Grenzen erfordert eine grundlegende Neugestaltung politischer Strukturen. Heute sind Regierungen stark an ihre territorialen Interessen gebunden, Macht wird zentralisiert, und internationale Zusammenarbeit wird oft durch wirtschaftliche Konkurrenz oder geopolitische Konflikte blockiert. Doch was wäre, wenn politische Systeme nicht mehr entlang nationaler Linien verlaufen würden, sondern sich an den Bedürfnissen der Menschheit als Ganzes ausrichten?

Die Realität der heutigen Machtdynamiken
Politische Systeme sind historisch gewachsen und basieren auf territorialen Souveränitäten. Nationale Regierungen setzen ihre Interessen durch, oft auf Kosten globaler Lösungen. Statt gemeinsamer Strategien dominiert die Fragmentierung: Umweltabkommen scheitern an wirtschaftlichen Eigeninteressen, humanitäre Hilfe wird politisiert, und soziale Ungleichheiten verschärfen sich durch wirtschaftliche Machtkonzentration. Während einige Nationen über immense Ressourcen und

technologischen Fortschritt verfügen, kämpfen andere ums Überleben.

Warum ein neues politisches Modell notwendig ist
Unsere größten Herausforderungen – Klimawandel, Hunger, soziale Ungleichheit – sind nicht lokal begrenzt. Sie betreffen uns alle, unabhängig von Herkunft oder Staatszugehörigkeit. Ein politisches Modell, das über nationale Grenzen hinausdenkt, könnte:

Entscheidungen nicht an territorialen Machtansprüchen, sondern an globalen Notwendigkeiten ausrichten.

Ressourcen fairer verteilen, statt Wohlstand und Entwicklung in wenigen Regionen zu konzentrieren.

Gemeinsame Lösungen für Umwelt- und soziale Krisen ermöglichen, ohne politische Blockaden.

Eine mögliche Struktur für eine globale Regierung
Die Abschaffung von Ländergrenzen würde ein politisches System erfordern, das die Interessen der gesamten Menschheit repräsentiert.

Dezentrale Entscheidungsprozesse: Statt einer einzelnen zentralen Macht könnten regionale Vertretungen existieren, die ihre lokalen Gemeinschaften in globale Entscheidungen einbinden.

Transparenz und demokratische Strukturen: Eine weltweite Regierung müsste sicherstellen, dass Macht nicht konzentriert wird, sondern dass Menschen aktiv an politischen Prozessen teilhaben.

Gerechte Ressourcenverwaltung: Wirtschaftssysteme würden nicht auf Profitmaximierung, sondern auf nachhaltige und gerechte Verteilung ausgerichtet sein.

Widerstände gegen eine globale Regierung
Der Übergang zu einer weltweit koordinierten Politik würde nicht ohne Widerstand erfolgen.

Nationalstaaten würden ihre Souveränität nicht freiwillig aufgeben.

Wirtschaftseliten, die vom aktuellen System profitieren, könnten ihre Macht verteidigen.

Gesellschaftliche Ängste vor kulturellem Identitätsverlust müssten ernst genommen und konstruktiv behandelt werden.

Ansätze für einen schrittweisen Übergang

Ausbau regionaler Bündnisse: Internationale Kooperationen könnten zunächst vertieft werden, bis nationale Strukturen zunehmend überflüssig werden.

Bildung und politische Teilhabe fördern: Menschen müssten sich als Teil eines globalen Systems begreifen und befähigt werden, aktiv an politischen Prozessen mitzuwirken.

Technologische Innovationen nutzen: Digitale Plattformen könnten demokratische Prozesse global synchronisieren und für mehr Transparenz sorgen.

Die Vision einer vereinten Weltpolitik
Eine globale Regierung würde nicht bedeuten, dass

Kulturen und Identitäten verschwinden – vielmehr könnte sie eine gemeinsame Basis für Gerechtigkeit und Kooperation schaffen. Eine Welt, in der nicht nationale Interessen im Vordergrund stehen, sondern das Wohl aller Menschen, wäre nicht nur sozial gerechter, sondern auch wirtschaftlich und ökologisch nachhaltiger.

Dieses Kapitel zeigt, dass Macht nicht territorial begrenzt sein muss – sie kann zum Werkzeug für globale Lösungen werden. Der Schritt zu einer vereinten Menschheit beginnt mit der Erkenntnis, dass politische Systeme nicht unveränderlich sind, sondern aktiv gestaltet werden können. Es ist Zeit, über traditionelle Strukturen hinauszudenken und eine Zukunft zu schaffen, in der Politik nicht trennt, sondern verbindet.

Soziologie der Zusammenarbeit – Wie kollektives Handeln die Welt verändert

Die großen Herausforderungen unserer Zeit – Klimakrise, soziale Ungleichheit, wirtschaftliche Instabilität – sind nicht durch Einzelmaßnahmen lösbar. Sie erfordern Zusammenarbeit, gemeinsames Handeln und eine kollektive Vision. Doch was bringt Menschen dazu, sich für eine gemeinsame Sache zu engagieren, und welche Mechanismen machen Kooperation effektiv? Die Soziologie der Zusammenarbeit liefert wertvolle Erkenntnisse darüber, wie Gesellschaften sich organisieren, Konflikte überwinden und nachhaltige Lösungen entwickeln.

Warum Zusammenarbeit essenziell ist
Keine Gesellschaft existiert isoliert. Menschen sind voneinander abhängig – wirtschaftlich, sozial und ökologisch. Die effizienteste Form, Probleme zu lösen, liegt in der Kooperation. Historisch gesehen haben Gemeinschaften, die zusammenarbeiten, Krisen besser bewältigt und nachhaltigere Entwicklungen geschaffen als solche, die sich auf Konkurrenz oder Hierarchien stützen. Doch Zusammenarbeit ist nicht selbstverständlich. Sie erfordert Vertrauen, gemeinsame Werte und Strukturen, die Zusammenarbeit fördern.

Die Hindernisse kollektiven Handelns
Obwohl gemeinsames Handeln Vorteile bringt, gibt es immer wieder Widerstände. Oft sind wirtschaftliche Interessen, politische Machtkämpfe oder kulturelle Differenzen Hindernisse, die echte Zusammenarbeit

erschweren. Zusätzlich gibt es psychologische Barrieren: Viele Menschen glauben, dass ihr individuelles Handeln keinen Einfluss hat, oder befürchten, dass andere ihren Beitrag nicht leisten. Diese Denkweise führt zum sogenannten "Trittbrettfahrer-Problem", bei dem Einzelne versuchen, von kollektiven Bemühungen zu profitieren, ohne selbst aktiv mitzuwirken.

Wie Zusammenarbeit effektiv funktioniert
Studien zeigen, dass Zusammenarbeit besonders dann erfolgreich ist, wenn folgende Faktoren erfüllt sind:

Gemeinsames Ziel: Menschen sind eher bereit, sich zu engagieren, wenn sie eine klare Vision haben, die ihren eigenen Werten entspricht.

Transparenz und Vertrauen: Offenheit in Entscheidungsprozessen fördert das Verantwortungsbewusstsein und stärkt die Bereitschaft zur Zusammenarbeit.

Dezentrale Organisation: Strukturen, die nicht auf Hierarchien beruhen, sondern individuelle Mitbestimmung ermöglichen, fördern langfristiges Engagement.

Beispiele für erfolgreiche Kooperationen

Umweltschutzbewegungen: In verschiedenen Teilen der Welt haben Bürgerinitiativen dazu beigetragen, ökologische Nachhaltigkeit in den politischen Diskurs zu bringen und konkrete Schutzmaßnahmen durchzusetzen.

Internationale Forschungsnetzwerke: Wissenschaftliche Kooperationen haben medizinische Innovationen beschleunigt und neue Technologien ermöglicht.

Kultureller Austausch: Programme, die den interkulturellen Dialog fördern, haben gezeigt, dass Zusammenarbeit Vorurteile abbauen und soziale Stabilität schaffen kann.

Die Zukunft der globalen Zusammenarbeit
Wenn Ländergrenzen verschwinden und nationale Interessen nicht mehr im Vordergrund stehen, könnte Zusammenarbeit auf einer ganz neuen Ebene stattfinden. Technologien wie künstliche Intelligenz, Blockchain und globale Plattformen könnten dabei helfen, Menschen und Ressourcen effizienter zu vernetzen. Doch der Schlüssel liegt nicht in den Werkzeugen, sondern in der Bereitschaft jedes Einzelnen, aktiv Teil einer globalen Bewegung zu werden.

Dieses Kapitel zeigt, dass kollektives Handeln mehr ist als eine Strategie – es ist die Grundlage für echte Veränderung. Zusammenarbeit ist keine naive Idee, sondern eine bewährte Methode, um langfristige Fortschritte zu sichern. Wenn Menschen sich vereinen, um an gemeinsamen Zielen zu arbeiten, wird aus Einzelinteressen eine Kraft, die die Welt nachhaltig transformieren kann.

Psychologie der Toleranz – Warum Akzeptanz die Grundlage für Frieden ist

Toleranz ist ein Begriff, der häufig verwendet wird, doch was bedeutet er wirklich? Geht es nur darum, andere Meinungen zu dulden, oder steckt mehr dahinter? Die Psychologie der Toleranz zeigt, dass Akzeptanz nicht nur eine soziale Haltung, sondern eine tief verwurzelte Fähigkeit ist, die das Zusammenleben entscheidend beeinflusst. Um eine Welt zu schaffen, die frei von Grenzen, Vorurteilen und Diskriminierung ist, müssen wir verstehen, wie Toleranz entsteht – und warum sie manchmal scheitert.

Die psychologischen Mechanismen hinter Toleranz
Menschen sind soziale Wesen, die nach Orientierung und Zugehörigkeit suchen. Doch genau diese Eigenschaften führen oft dazu, dass sie sich in Gruppen abgrenzen, Unterschiede betonen und andere als „fremd" wahrnehmen. Studien zeigen, dass Vorurteile häufig nicht aus echter Ablehnung entstehen, sondern aus Unsicherheit und mangelndem Kontakt mit anderen Kulturen oder Denkweisen. Wer wenig Erfahrung mit Vielfalt hat, neigt dazu, stereotype Annahmen zu übernehmen, die von Familie, Medien oder politischen Ideologien beeinflusst werden.

Warum fällt es manchen Menschen schwer, tolerant zu sein?
Toleranz erfordert die Fähigkeit, Unsicherheit auszuhalten und neue Perspektiven zu akzeptieren. Doch viele Menschen reagieren auf das Unbekannte mit Angst

oder Abwehr. Psychologische Forschung zeigt, dass tief verwurzelte Ängste oft mit einem Gefühl des Kontrollverlusts verbunden sind. Wer Veränderungen als Bedrohung wahrnimmt, versucht, bestehende Strukturen zu verteidigen – selbst wenn sie ungerecht oder überholt sind. Dies erklärt, warum bestimmte Gruppen oder politische Bewegungen darauf bestehen, sich gegen Migration oder kulturelle Vielfalt zu stellen.

Wie kann Toleranz gefördert werden?

Bildung als Schlüssel: Wer früh lernt, unterschiedliche Perspektiven zu verstehen, entwickelt eine natürliche Offenheit gegenüber anderen. Programme, die interkulturelle Kompetenz fördern, zeigen messbare Erfolge in der Reduktion von Vorurteilen.

Direkter Kontakt: Persönliche Begegnungen mit Menschen anderer Herkunft oder Weltanschauung sind der wirksamste Weg, um Vorurteile abzubauen. Studien zeigen, dass interkulturelle Freundschaften das Verständnis für andere deutlich steigern.

Kritisches Denken stärken: Wer gelernt hat, Informationen bewusst zu hinterfragen, ist weniger anfällig für Manipulation oder extremistische Ideologien, die Angst und Feindbilder schüren.

Empathie entwickeln: Die Fähigkeit, sich in andere hineinzuversetzen, ist eine Grundvoraussetzung für Toleranz. Wer die Geschichte, Erfahrungen und Herausforderungen anderer Menschen versteht, entwickelt Mitgefühl und reduziert Ablehnung.

Die gesellschaftlichen Auswirkungen von Toleranz
Tolerante Gesellschaften sind stabiler, innovativer und wirtschaftlich erfolgreicher. Länder mit einer hohen Akzeptanz von Vielfalt profitieren von kulturellen, wissenschaftlichen und wirtschaftlichen Fortschritten. Zudem zeigt Forschung, dass soziale Stabilität stark mit der Fähigkeit zur Toleranz zusammenhängt – je offener eine Gesellschaft ist, desto weniger Gewalt und Extremismus entstehen.

Die Zukunft der globalen Toleranz
In einer Welt ohne Grenzen wäre Toleranz die Grundlage für friedliches Zusammenleben. Doch dies erfordert, dass wir aktiv daran arbeiten, Ängste abzubauen, Wissen zu verbreiten und echte Begegnungen zu schaffen. Wer eine Gesellschaft aufbauen will, die Zusammenarbeit statt Trennung betont, muss verstehen, dass Toleranz nicht selbstverständlich ist – sie ist eine Fähigkeit, die erlernt und gestärkt werden muss.

Dieses Kapitel zeigt, dass Toleranz nicht einfach nur eine moralische Verpflichtung ist. Sie ist ein psychologischer Mechanismus, der das Fundament für eine harmonische, stabile und gerechte Welt bildet. Wer an sich selbst arbeitet und Toleranz fördert, trägt aktiv dazu bei, dass Grenzen – sowohl physische als auch mentale – überwunden werden. Denn eine wirklich vereinte Menschheit beginnt nicht mit politischen Entscheidungen, sondern mit unserer inneren Haltung.

**Technologie als Werkzeug für globale Vernetzung –
Chancen und Herausforderungen**

Technologie ist mehr als ein Mittel zur Bequemlichkeit
– sie hat das Potenzial, die Menschheit zu verbinden,
Grenzen zu überwinden und Lösungen für drängende
globale Probleme zu schaffen. Doch wie kann Technologie gezielt eingesetzt werden, um die Welt gerechter,
nachhaltiger und kooperativer zu gestalten? Eine Welt
ohne nationale Barrieren erfordert digitale Systeme,
die Kommunikation, Ressourcenmanagement und gesellschaftliche Teilhabe auf eine neue Ebene heben.

*Warum Technologie der Schlüssel zur globalen Zusam-
menarbeit ist*
In der Vergangenheit waren gesellschaftliche Veränderungen oft durch technologische Fortschritte möglich.
Die Erfindung des Internets hat den Austausch von Wissen revolutioniert, künstliche Intelligenz verändert bereits Wirtschaft und Wissenschaft, und Blockchain-
Technologien ermöglichen neue Formen der Transparenz. Doch diese Entwicklungen bleiben oft auf einzelne Länder oder Konzerne beschränkt, anstatt zum
Nutzen aller Menschen eingesetzt zu werden. Eine bewusste Nutzung von Technologie könnte jedoch:

Menschen unabhängig von Standort miteinander vernetzen und den freien Austausch von Wissen ermöglichen.

Wirtschaftliche Prozesse optimieren, sodass Ressourcen gerechter verteilt werden.

Demokratische Mitbestimmung stärken, indem globale Entscheidungen transparent und zugänglich gemacht werden.

Digitale Plattformen für eine vereinte Welt
Mit technologischen Innovationen könnte eine globale Verwaltung entstehen, die Macht nicht in den Händen weniger konzentriert, sondern Beteiligung für alle ermöglicht.

Künstliche Intelligenz für Entscheidungsfindung: KI-Systeme könnten helfen, komplexe soziale, wirtschaftliche und ökologische Herausforderungen zu analysieren und effizientere Lösungen zu finden.

Blockchain für Transparenz: Fälschungssichere und dezentrale Systeme könnten Korruption bekämpfen und sicherstellen, dass Ressourcen fair verteilt werden.

Digitale Bildungsnetzwerke: Global vernetzte Lernplattformen könnten Wissen kostenlos und frei zugänglich machen.

Technologie als Mittel gegen soziale Ungleichheit
Digitale Werkzeuge könnten dazu beitragen, dass Wohlstand gerechter verteilt wird. Automatisierte Prozesse und globale Datenverarbeitung könnten wirtschaftliche Systeme effizienter gestalten, sodass nicht nur Industrien profitieren, sondern auch soziale Projekte und nachhaltige Initiativen gefördert werden. Gleichzeitig könnte Technologie dazu beitragen, strukturelle Ungleichheiten abzubauen, indem sie Menschen unabhängig von ihrem Standort oder ihrer Herkunft

Zugang zu wirtschaftlichen Möglichkeiten und Bildung bietet.

Risiken und ethische Herausforderungen
Trotz ihres Potenzials birgt Technologie auch Risiken. Datenmissbrauch, Überwachung und Manipulation durch Algorithmen sind reale Probleme, die ernst genommen werden müssen. Damit Technologie nicht zum Werkzeug für Kontrolle, sondern für Freiheit wird, müssen klare ethische Standards geschaffen werden:

Schutz der Privatsphäre: Individuelle Daten müssen sicher verwaltet werden, ohne wirtschaftliche oder politische Ausbeutung.

Gleichberechtigter Zugang: Technologie darf nicht nur wenigen Menschen oder Industrien dienen, sondern muss für alle zugänglich sein.

Verantwortung in der Entwicklung: Künstliche Intelligenz und Automatisierung sollten nicht für Profite einzelner Unternehmen optimiert werden, sondern für gesellschaftlichen Fortschritt.

Die Zukunft einer technologisch vernetzten Welt
Wenn nationale Grenzen verschwinden und Menschen als globale Gemeinschaft agieren, könnte Technologie als Brücke dienen, die gesellschaftliche, wirtschaftliche und ökologische Herausforderungen löst. Doch diese Zukunft erfordert nicht nur Innovation, sondern auch eine bewusste Gestaltung. Technologie allein reicht nicht aus – sie muss mit Prinzipien der Gerechtigkeit, Transparenz und Nachhaltigkeit verbunden sein.

11.0. DER ABSCHLIESSENDE SCHRITT

Die Zukunft beginnt mit uns – Eine Welt ohne Grenzen gestalten

Die Welt steht an einem Wendepunkt. Die Herausforderungen sind zahlreich – soziale Ungleichheit, Klimakrise, wirtschaftliche Instabilität, politische Spannungen – und doch bietet genau dieser Moment eine außergewöhnliche Chance: die Möglichkeit, eine neue Zukunft zu formen. Dieses Buch hat eine Vision entfaltet – eine Welt ohne Grenzen, geprägt von globaler Zusammenarbeit, Gerechtigkeit und nachhaltigem Denken. Es hat gezeigt, wie politische Systeme überwunden, wirtschaftliche Ungleichheiten beseitigt und soziale Strukturen neu gedacht werden können. Doch nun stellt sich die entscheidende Frage: Wie geht es weiter?

Der Weg in eine gerechtere Zukunft beginnt nicht mit einem einzigen großen politischen Beschluss oder einer wirtschaftlichen Reform – er beginnt bei jedem Einzelnen von uns. Jeder Mensch hat die Fähigkeit, seine Denkweise zu hinterfragen, aus alten Mustern auszubrechen und aktiv zur Veränderung beizutragen. Nachhaltiges Denken, kritische Reflexion und soziale Empathie sind nicht abstrakte Konzepte, sondern Werkzeuge für echten Wandel.

Die Welt, wie sie heute existiert, ist das Ergebnis unzähliger vergangener Entscheidungen. Doch genau das bedeutet auch, dass die Zukunft nicht vorherbestimmt ist – sie wird durch unsere gegenwärtigen Entscheidungen geformt. Was wir heute denken, was wir heute tun, beeinflusst die Welt von morgen.

Die Kraft des Denkens – Der erste Schritt zur Veränderung

Jede große Veränderung beginnt mit einem Gedanken. Es sind Ideen, die neue Realitäten schaffen, bestehende Strukturen herausfordern und Menschen dazu bewegen, anders zu handeln. Doch Gedanken allein reichen nicht aus – sie müssen in Handlungen übergehen. Genau hier liegt die Herausforderung: Wie können wir unser Denken so verändern, dass es eine nachhaltige Wirkung auf unsere Welt hat?

Der erste Schritt besteht darin, unsere Sicht auf die Welt kritisch zu hinterfragen. Grenzen, soziale Strukturen, wirtschaftliche Systeme – all das erscheint oft unveränderlich, weil wir es so gewohnt sind. Doch sind diese Strukturen wirklich notwendig? Oder wurden sie erschaffen, um Macht und Ressourcen zu kontrollieren? Wer beginnt, über diese Fragen nachzudenken, wird erkennen, dass viele Begrenzungen nicht natürlich sind, sondern bewusst aufrechterhalten werden.

Diese Erkenntnis kann herausfordernd sein. Sie erfordert Mut, weil sie oft bedeutet, sich gegen überlieferte Denkmuster zu stellen. Doch genau hier beginnt echter Fortschritt: Wenn wir aufhören, die Welt nur als eine Ansammlung unveränderlicher Systeme zu sehen, und stattdessen erkennen, dass sie ein Produkt menschlicher Entscheidungen ist, dann wissen wir auch, dass sie neu gestaltet werden kann.

Technologie als Brücke zur globalen Zusammenarbeit

Noch nie zuvor war die Welt so vernetzt wie heute. Das Internet, Künstliche Intelligenz, Blockchain-Technologien – all diese Innovationen haben das Potenzial, die Menschheit näher zusammenzubringen. Wissen kann frei zugänglich gemacht werden, Entscheidungsprozesse können transparenter gestaltet werden, wirtschaftliche Ressourcen könnten gerechter verteilt werden. Doch die zentrale Frage bleibt: Nutzen wir diese Technologien zum Vorteil aller – oder nur für wenige?

Die digitale Vernetzung könnte als Fundament für eine Welt ohne Grenzen dienen. Eine global koordinierte Verwaltung könnte Ressourcen effizient steuern, Bildung für alle zugänglich machen und wirtschaftliche Chancengleichheit fördern. Doch dazu müssen wir lernen, Technologie nicht als Werkzeug der Kontrolle, sondern als Instrument der Freiheit zu nutzen.

Eine zentrale Herausforderung ist die Verantwortung der Unternehmen und politischen Institutionen. Viele digitale Werkzeuge werden heute nicht im Sinne der Allgemeinheit genutzt, sondern dienen einzelnen Akteuren, die wirtschaftliche oder politische Vorteile daraus ziehen. Eine demokratisierte Technologie könnte diese Dynamik verändern – sie könnte dazu beitragen, dass Wissen und Ressourcen für alle zugänglich sind.

Die Überwindung von Hunger und Armut – Eine gerechtere Welt gestalten

Hunger und Armut sind keine unlösbaren Probleme – sie sind die Folge von wirtschaftlichen und politischen Entscheidungen. Die Welt produziert genug Nahrungsmittel, um alle Menschen zu ernähren, und doch leiden Millionen unter Hunger. Die globale Wirtschaft generiert unvorstellbaren Wohlstand, aber ein großer Teil der Weltbevölkerung lebt in extremer Armut.

Warum? Weil Ressourcen nicht gerecht verteilt werden. Die Abschaffung nationaler Grenzen könnte diese Ungleichheiten entscheidend verringern. Statt Lebensmittel zu verschwenden, könnten sie gerechter verteilt werden. Statt wirtschaftlichen Wohlstand auf einige wenige zu konzentrieren, könnte ein System entstehen, das Zugang zu Bildung, Wasser und Nahrung für alle ermöglicht.

Nachhaltigkeit spielt in diesem Prozess eine zentrale Rolle. Unsere heutigen Wirtschaftssysteme basieren oft auf kurzfristigen Profiten, anstatt langfristige Stabilität zu fördern. Ein gerechtes System würde den Fokus auf Kooperation statt Konkurrenz setzen, auf nachhaltige Ressourcennutzung statt Ausbeutung.

Toleranz und Vielfalt als Basis einer friedlichen Gesellschaft

In einer Welt ohne Grenzen wäre Vielfalt keine Herausforderung, sondern eine Stärke. Doch diese Erkenntnis setzt voraus, dass wir bestehende Vorurteile hinterfragen und die Kraft des interkulturellen Austauschs erkennen.

Toleranz ist keine passive Akzeptanz, sondern eine aktive Haltung, die gegenseitigen Respekt und Verständnis fördert. Bildungsprogramme, internationale Kooperationen und kultureller Austausch können helfen, Feindbilder abzubauen und echte Verbindungen zwischen Menschen zu schaffen. Eine Welt, in der Menschen nicht mehr nach Herkunft, sondern nach Fähigkeiten und Werten beurteilt werden, wäre eine Welt der echten Gleichberechtigung.

Die Psychologie der Toleranz zeigt, dass Vorurteile oft aus Angst vor dem Unbekannten entstehen. Wer jedoch direkte Erfahrungen mit anderen Kulturen und Denkweisen sammelt, verändert sein Weltbild grundlegend. Technologie kann eine Schlüsselrolle spielen, um diesen Dialog zu ermöglichen und Menschen unabhängig von geografischen Grenzen miteinander zu verbinden.

Die Zukunft beginnt jetzt – und sie beginnt mit dir

Dieses Kapitel ist mehr als ein Abschluss – es ist eine Einladung, aktiv zu werden. Die Vision einer Welt ohne Grenzen ist keine bloße Ideologie, sondern eine realistische Möglichkeit. Doch sie wird nur Realität, wenn wir den Mut haben, unsere Denkweise zu verändern und aktiv für eine gerechtere Zukunft einzutreten.

Die Veränderungen, die dieses Buch beschreibt, sind nicht über Nacht umsetzbar. Sie erfordern Schritt für Schritt bewusstes Handeln, kritisches Denken und globale Zusammenarbeit. Die Ideen, die hier entwickelt wurden, sind nicht bloße Gedankenexperimente – sie sind eine Aufforderung zum Handeln.

Die Frage ist nicht ob Veränderung möglich ist – sondern wann wir bereit sind, sie zu beginnen. Die Zukunft wartet nicht – sie wird durch unsere Entscheidungen geformt.

Jede Entscheidung zählt. Jede Handlung macht einen Unterschied. Die Welt ist nicht dazu bestimmt, so zu bleiben, wie sie ist – sie ist dazu bestimmt, von uns gestaltet zu werden.

Lass uns anfangen.

Wir können jederzeit weiterreden, das Buch und deine Gedanken vertiefen und ausdiskutieren.

Komm auf Discord.

Discord